REBECCA BEARD · UNSER ZIEL

REBECCA BEARD

UNSER ZIEL

Befreiung unserer schöpferischen Lebenskräfte

TURM VERLAG BIETIGHEIM/WÜRTT.

Die Übersetzung aus dem Amerikanischen besorgte Ruth Elsner von Gronow, Lic. theol., Dr. phil. Die Originalausgabe erschien im Verlag Harper & Brothers, New York, unter dem Titel Everyman's Goal.

5. Auflage

ISBN 3-7999-0019-5

Gesamtherstellung: Druck- und Verlagsgesellschaft Bietigheim mbH

Euch, den Dienenden,
Ist dieses Buch gewidmet.
Möge durch seine Blätter
Auf eure Pfade Licht scheinen.
Licht, eure Schau zu weiten,
Eure Fassungskraft zu steigern,
Eure Fähigkeiten zu entwickeln,
Aus euren Schranken euch zu lösen.

Es werde Licht

„Gottesbewußtsein sollte den Grund abgeben, auf dem alle Farben des Lebens aufgetragen werden. Es sollte sein wie die Begleitmusik zum Liede, wie der Himmel um Mond und Sterne, wie das Grün in der Landschaft.“

Bishop Charles Brent in „Things that Matter“.

„Es wird eine Zeit kommen, da es licht werden wird,
da der Mensch erwachen wird aus seinen hehren Träumen
und seine Träume noch vorfinden; denn vergangen ist nichts
als sein Schlaf.“

Jean Paul
(aus dem Englischen rückübersetzt. D. Ü.)

Inhaltsverzeichnis

VORWORT

zur deutschen Übersetzung

„Was Jedermann sucht" hat Rebecca Beard weithin in Deutschland bekanntgemacht. Da die Übersetzerin jenes Bandes zu unser aller großen Bedauern nicht auch diesen Band „Unser Ziel" bearbeiten konnte, mußte ich in die Bresche treten. Auch an dieser Stelle möchte ich meinen herzlichen Dank allen sagen, die über z. T. mir fremde Wissensgebiete bereitwillig Auskunft gaben. Namentlich danke ich Valda Sauter née Broad für Vergleichen mit dem englischen Text und für Korrekturlesen Clara André, sowie für ärztliche Sachbearbeitung Dr. med. Otto H. F. Buchinger, dessen Vater wir das Vorwort zu „Was Jedermann sucht" verdanken.

Dieser Band „Unser Ziel" setzt die Kenntnis jenes früheren nicht voraus. Vielmehr möchte ich persönlich dem Leser die umgekehrte Reihenfolge anraten; denn, sollten wir nicht das Ziel kennen, bevor wir nach dem Wege fragen?

Reiche Beobachtungen sammelte die amerikanische Ärztin Rebecca Beard in ihrem Erholungsheim Merrybrook, Wells, Vermont, USA., das nach ihr von ihrem Gatten geleitet wurde, der sie freilich nicht lange überlebte (†1954). Eine große Fülle solcher lebensvoll berichteter Erfahrungen bietet dieser neue Band. Auch in den am Schluß angeführten Beispielen aus der Gruppen-Psychotherapie lassen sich Berührungspunkte zu ihrer Heilweise erkennen. Folgen wir ihr vorher auf dem streng logisch dargelegten Wege von der „Befreiung unseres Bewußtseins aus seiner Enge" (= expansion) bis zum „Reifwerden in unserem Empfindungsleben" (= emotion), so erkennen wir eben diesen Weg als den gleichen, den Jesus gewiesen. Daß es der Verfasserin, einem Mitglied der Religiösen Gesellschaft der Freunde (Quäker), um diese Einheit zwischen Religion und Wissenschaft zu tun ist, das danken wir ihr besonders.

Ruth Elsner v. Gronow

VORWORT

von Dr. Norman Vincent Peale.

Wer „Unser Ziel“ sorgsam liest und seinen Inhalt in sich aufnimmt, kann ein anderer Mensch werden. Sein Leben kann kraftvoll und glücklich werden, ein Erweis von Macht. Er wird es lernen, mit anderen zurechtzukommen, weil er mit sich selber zurechtkommt. Es ist ein erstaunliches Buch, erstaunlich durch seine Einfachheit in der Feststellung tiefer Wahrheiten. Ich bewundere, wie kristallklar die Verfasserin den Weg darlegt, auf dem sieghaftes Leben erreicht wird. Wer immer dies Buch nachdenklich liest, kann es verstehen. Die Formel für sieghaftes Leben ist klar aufgewiesen, so einfach wie das Einmaleins. Die Verfasserin nimmt den Anfänger geradezu bei der Hand und führt ihn Schritt für Schritt voll Freundlichkeit und Verständnis zu einem Leben voll höherer Freuden, als er sich je erträumt hätte, genießen zu können.

Ich bestätige mit Freuden, daß „Unser Ziel“ mir sehr gut getan hat. Ich befolge ständig die darin aufgewiesenen Lehren und habe sie als wirksam erkannt. Dies ist eins der wertvollsten Bücher, die ich je gelesen habe. Es ist nicht nur ein Buch zu gelegentlichem Durchlesen. Es ist ein brauchbares Handbuch zur Selbst-Erkenntnis, zur Selbst-Entfaltung, zur Selbstbefreiung. Wann immer du seine Seiten durchblätterst, wirst du neue Möglichkeiten in dir selbst und in der Welt auffinden; und eine weise Leitung wird dich zur Verwirklichung dieser Möglichkeiten führen.

Das Buch überzeugt den Leser davon; wer bereit ist, all seine Forderungen zu erfüllen, der kann den Mangel überwinden, Heilung erfahren, Spannungen meistern, selbst zu einem Durchgangsweg höherer Mächte werden, – kurz, er kann aus seinem beschränkten, unterlegenen Ich zu wahrer Größe des Lebens gelangen.

Die Verfasserin zeigt in hinreißendem Stil, daß dies so ersehnte Ziel erreicht wird mit Hilfe einer Naturwissenschaft vom Leben, wie Jesus sie lehrt.

An diesem Buch ist sein gesunder Menschenverstand bemerkenswert, sein fester Glaube und die einzigartig neue

Darlegung einer Methode, um schöpferische Kräfte im Einzelnen und in der Gesellschaft freizumachen.

Aus christlichem Glauben flutet heute ein mächtiger, frischer Lebensstrom neu hervor. Er quillt empor aus vielen edlen Geistern und Herzen. Er findet seinen Ausdruck nicht in herkömmlichen Formen. Sondern er ist in Sprache und Denkformen einer Zeit gefaßt, die sich geschult hat an naturwissenschaftlichem Verständnis vom Wesen des Menschen. Er hat die Dynamik der Lehre Jesu in sich aufgenommen. Deshalb erfaßt er den Glauben nicht nur als akademische, theoretische Betrachtungsweise, sondern als tätig schwingende Kraft. Lehrer, die sowohl auf naturwissenschaftlichem wie geistigem Gebiet von dieser Denkweise durchdrungen sind, führen Jahr um Jahr immer mehr Tausende zu neuer Erfahrung von Gottes Macht durch Glauben in Christus und durch Übung – man beachte den Nachdruck – durch Übung Seiner Lehren.

In der Reihe solch gottgeleiteter Lehrer ist Rebecca Beard eine der aufrichtigsten und wirksamsten unter den Jüngern Christi. Als Doktor der Medizin, durchgeistigte Lehrerin, warmherzige, weise Ratgeberin hat Dr. Beard vielen geholfen, den wahren Weg des Lebens zu finden. Durch „Unser Ziel" werden weitere Hunderte sich der wachsenden Zahl jener zugesellen, die eine neue Dynamik geistigen Wachstums in das Leben unserer Zeit tragen.

Martle Collegiate Church, New York, N. Y.

Der Bischof von Croydon schrieb ein Vorwort zu „Was Jedermann sucht", worin er dies Buch als „eins der wichtigsten Bücher bezeichnete, die über dieses Thema verfaßt worden sind". Auch diesen anschließenden Band, „Unser Ziel", hat der Bischof gelesen und spricht sich mit gleicher Anerkennung über dies neue Buch aus: „Es gefällt mir wirklich sehr gut. Je weiter ich darin lese, um so besser finde ich es, ich begrüße sein Erscheinen mit Freuden und empfehle es ohne Zögern. Es ist wahrlich ein würdiger Nachfolger von ‚Was Jedermann sucht'."

gez. Cuthbert, Croydon

1. Die Befreiung unseres Bewußtseins aus seiner Enge

Wird unser Bewußtsein aus seiner Enge befreit, so bedeutet dies ein wachsendes Innewerden Gottes als einziger Gegenwart, als einziger Macht. In jedem Augenblick dieser einzigen Macht so bewußt zu sein, löst uns von dem Geist, der verneint, wie von der Furcht. An deren Stelle tritt ein Gefühl des Einsseins mit dem Unendlichen. Es befreit schöpferische Kräfte, die vordem in uns noch schlummerten. Es lädt uns mit reibungsloser, unermüdlicher Energie. Es erfüllt uns mit innerer Harmonie und Frieden.

Unser aller Suchen ist Suchen nach Gott. Unser aller Ziel ist ein aus seiner Enge befreites Bewußtsein, zu dem solch Suchen führt. Nicht nur dem Einzelnen muß dies zuteil werden, vielmehr der ganzen Welt. Dies Befreien des Bewußtseins ist der nächste große Schritt, den die Menschheit zu unternehmen hat. Wir liegen in den Wehen einer Übergangszeit. Ein so hervorragender christlicher Psychologe wie der Doktor der Medizin Fritz Künkel glaubt, wir befinden uns inmitten einer umfassenden Umwandlung, einer Mutation. Zu dieser Zeit gerade sind wir im Wandlungsprozeß begriffen. Deshalb scheint die Welt so chaotisch, und deshalb scheinen Kräfte des Heidentums an Macht zu gewinnen.

Umwandlung ist mühsam. Wenn wir auf äußerster Kante stehen, so befällt uns Schrecken vor dem nächsten Schritt nach vorwärts. Erschreckend ist er, genau so erschreckend wie vor zwei Jahrtausenden, als Jesus zum ersten Male davon sprach. Er fordert von uns, aus dem kleinen Ich zum weiteren Selbst hinauszuschreiten; das kleine Ego ans Kreuz zu schlagen, ihm in Seinen Lehren ein tiefes Grab zu graben, darin es keimen möge, um als Christus-Selbst wieder aufzustehen.

Unser ist die Entscheidung. In und außerhalb der Kirchen hungern Menschen nach Berührung mit Gott; nicht nur durch Bekenntnisse und Riten, nicht nur durch Priester oder

Amtshandlungen, vielmehr nach einer Berührung, wie Hiob sie erfuhr, daß sie Ihn sehen, Ihn erkennen möchten in jedem Teile des eignen Seins. Gottes Wirklichkeit ist im Leben erfahrbar in einem jeden Augenblicke jeden Tages. Es gibt viele Weihnachts-Oster-Christen. Ihnen ist die Religion eine Art Bruchstück, nicht unlöslich verflochten mit ihrem ganzen Leben. Aus dem Versagen des Christentums, sagt Fulton Oursler, habe sich der Kommunismus ergeben. Den Kommunismus bezeichnet er als „Kritik am Christentum". Damit spricht er gleiches aus, wie schon ehemals Chesterton schrieb: „Wir dürfen nicht sagen, das Christentum bewähre sich nicht; man hat es niemals damit versucht!" Manchmal sprechen wir von anderen Ländern als von „gottlosen Ländern". Verhält es sich damit vielleicht wie in dem sprichwörtlichen Bilde: „Der Kessel schilt den Ofentopf; doch – schwarz sind alle beide"? Reisen wir durch unser eigenes schönes Heimatland, so sind wir erschüttert über das Heidentum ringsum. Stehen wir nun am Kreuzweg – an der Stelle der Prüfung? Kraftvolle Überzeugung allein kann uns auf geradem Wege leiten. Halten wir durch, so werden wir uns aus dieser Krisis erheben und die übrige Welt mit uns bringen.

Was hält uns zurück davon, unser Bewußtsein aus seiner Enge zu befreien? Müssen wir die alten Leitbilder zerbrechen, die Fesseln alter Vorurteile abwerfen? Die Pflöcke des Zeltes, das den Menschen umgibt – sein Bewußtsein – müssen hinausgerückt werden, drängt er vorwärts in weiteren und weiteren Kreisen. Demarkationslinien muß er überschreiten: die Farbenschranke, die Grenzen der Stände; die Grenzen der Bekenntnisse, die der Nationen. Doch muß er noch darüber hinaus viel weiter vorwärtsdringen. Sein egozentrisches Ich muß jeder Einzelne anpacken. Er muß ihm gerade entgegensehen; muß es so betrachten, wie die Tiefenpsychologie es heut von uns fordert –, auf daß wir jene Tiefenpsychologie neu entdecken mögen, die Jesu Lehren zugrunde liegt.

Tun wir dies, so werden wir auf die „blinden Flecke"*) und die Vorurteile in uns stoßen. Dann können wir jene uns knech-

*) Diejenige Stelle in jedem Auge, die keine Lichtempfindung vermittelt (d. Ü.).

tenden Denk-Gewohnheiten durch Gebet und andächtige Sammlung aus unserem Unterbewußtsein tilgen und können zur Reife gelangen. Den Ausdruck „Tiefen-Psychologie" braucht Dr. Fritz Künkel zur Erklärung solcher Einflüsse, die, uns selber unbewußt, in uns wirksam sind, obwohl sie in unterbewußtem Erinnern begraben liegen.

Gelangen wir zum Lieben mit der größeren Liebe unseres aus seiner Enge befreiten Selbst, so denken wir nicht mehr in Kategorien von Hautfarben oder Zivilisationen. Jesus sprach dem Sinne nach: „Leicht ist es, die zu lieben, die uns gleich sind. Leicht ist es, Leute zu lieben, die gleiche Leitbilder anerkennen. Es ist nicht schwer, die zu verstehen, sich denen anzupassen, die auf gleicher sittlicher Basis stehen. Das tun ja sogar die Zöllner und Sünder. Doch wir müssen lernen, so zu lieben, daß unser Lieben – unser fühlendes Selbst – von unseren Vorurteilen, von unseren ‚blinden Flecken' nicht gehemmt wird."

Machen wir einen Augenblick halt und denken über diese „blinden Flecke" nach, über unsere Haltung gegenüber Menschen anderer Hautfarbe, anderer Nation. Wie können wir auslöschen, was wir ihnen gegenüber empfinden? Indem wir uns an ihre Stelle versetzen. Indem wir – mehr als die trennenden Abstände und Unterschiede – das uns gemeinsame Menschentum betonen; das, was uns gemeinsam not ist. Viele unserer großen geistigen Führer – so E. Stanley Jones, Frank Laubach, Glenn Clark – glauben, was uns not ist, sei eine vernehmliche Antwort der bisher noch nicht klar vernehmbaren Völker in der Welt. Alle Völker der Welt ersehnen Frieden. Die Menschen in überseeischen Ländern brauchen ihn und die hier. Die kleinen Leute in aller Welt begehren Rückkehr zum Lande. Vor Jahren sagte Karl Marx voraus, die nächste Revolution werde sich auf wirtschaftlichem Gebiet abspielen. Hatte er unrecht? Diese Revolution ist ausgebrochen und zielt auf das weite Gebiet der Landwirtschaft.

In einem neuen Artikel spricht der Präsident des Rockefeller-Instituts, Raymond B. Fosdick, von „den unermeßlichen revolutionären Kräften, die sich in Asien in Bewegung setzen. Zündende Ideen haben Millionen Menschen von der Mandschurei bis nach Indonesien, vom Mittelmeer-Becken ostwärts bis zur Südsee aus uraltem Fatalismus erweckt. In diesen Millionen ist der neue Glaube geboren, daß Armut und Elend nicht unabdingliche Beigaben menschlichen Lebens seien, und daß Krankheiten, Überschwemmungen, Hungersnöte bemeistert werden können ...

In diesem Aufbruch, der längst überfällig war, ist die frühere Lethargie, die Hinnahme des Unvermeidlichen, bei den Massen überwunden worden. Sie glauben nun, vor uns liege eine Ära umfassenderer Gerechtigkeit und größerer Wohlhabenheit. Sie sind entschlossen, solchen Führern zu folgen, die dorthin zu leiten versprechen. Es ist ein tragisches Mißverständnis, diese große, mächtige Bewegung als einzig vom Kommunismus inspiriert zu betrachten; zu versuchen, sie deshalb abzuschreiben als bloße Taktik im kalten Kriege. Das wirkliche Geschehen ist dies: Kommunisten haben sich zwar dieser Revolution bemächtigt, oder es besteht doch die Gefahr, daß sie sich ihrer bemächtigen würden. Die Revolution selber aber und alles, was sie vertritt, reicht weit zurück zu Ideen und Grundsätzen, denen gerade wir hier in den Vereinigten Staaten zum Stapellauf in die Welt hinaus verholfen haben."

In Europa, besonders aber in Asien, lebten Menschen unter einem unerträglichen System des Grundeigentums. Das Land, auf dem die Mehrzahl von ihnen lebte, gehörte ihnen nicht. Es war nicht ihr Eigentum. Sie hatten lediglich den Nießbrauch des Landes. Im Zeichen eines organisierten Kultes hatten sie Gott. Für einfache Leute ist aber Landbesitz symbolisch für ihre Beziehung zum Schöpfer. Sein „eigener Weinstock und Feigenbaum" bedeutet dem Durchschnittsmenschen Sicherheit, Geborgenheit, Leben, und dies alles bringt er in Verbindung mit Gott.

Tadeln wir die Menschen nicht, sondern versetzen wir uns an ihre Stelle. Lehnen sie sich auf, so müssen wir es uns angelegen sein lassen zu erfahren, warum sie sich auflehnen; warum sie lasterhaft, warum grausam sind. Wird ihre Liebe – wie die unsere – betrogen, so schlägt sie um und wird zum Gegenteil der Liebe, – zu Haß, Rachsucht, Erbitterung.

Trifft der Durst nach Leben, der uns allen innewohnt, auf Hindernisse, auf Niederlagen, so kehrt er seine entgegengesetzte, negative Seite heraus und wird zu Angst und Furcht. Solche Empfindungen sind so allgemein verbreitet, daß jeder von uns auf gleich negative Art reagieren könnte. Jeder von uns könnte sagen: „Dort würde ich stehen, ohne Gottes Gnade." Können wir uns nicht abwenden vom Verurteilen und Kritisieren und statt dessen Teilnahme und Verständnis schenken? Das wäre der Weg unseres Herrn. Was können wir Besseres tun als ihm zu folgen? Es sind die Judasse der Welt, die behaupten und glauben: „Wir haben die richtigste Lebensform; wir haben die edelste Religion; wir haben die beste Regierungsweise; wir sind das auserwählte Volk des Herrn – deshalb sollten wir herrschen!" Judas Ischariot, ein leidenschaftlicher Nationalist und Eiferer, haßte die Römer, wollte sie niederschlagen und aus seinem Lande treiben. Er glaubte nicht daran, daß „die Gelassenen das Erdreich besitzen würden"*). Er wünschte, Jesus sollte aus Seinen Jüngern ein irdisches Heer bilden und die überwältigen, die Sein Volk unbarmherzig hart am Zügel hielten.

Drei Jahre wanderte Judas mit Jesus. Er war Zeuge der Heilungen, die Jesus vollbrachte. Er hörte Seine Worte, lauschte Seinen Gebeten. Sein Herz aber war verschlossen. Wie viele Tausende verschlossener Herzen gibt es überall innerhalb der christlichen Welt? Es gibt einen Ton, den sie nicht vernehmen, gerade wie Judas ihn nicht vernahm. Ebenso wie bei Judas war ihr Unterbewußtsein niemals überzeugt worden. Niemals waren ihre „blinden Flecke", ihre Vorurteile, getilgt worden. Jesus sprach dem Sinne nach zu Judas was er später dem Petrus wiederholte: „Judas, wer das Schwert ergreift, der wird durch das Schwert umkommen. Gewalt kann es nicht vollbringen. Böses kann nicht durch Böses überwunden werden, Gewalt nicht durch Gewalt Ihr müßt das Böse aufsaugen, es aufheben in Liebe." In taube Ohren fielen Seine Worte, gerade so wie heute.

Viele sagen: „Oh, sie können nicht von Menschen fordern,

*) Im englischen Text "meek", ähnlich wie bei Luther: „Sanftmütige". Matth. 5,5 (d. Ü.).

so hohen Idealen nachzuleben. Solche Ziele sind zu hoch, um Menschen erreichbar zu sein."

Ihr Lieben, wieviele Jahre mehr müssen vergehen, damit wir bereit sind? Zweitausend sind vergangen, und noch hören und sehen wir nicht. Dennoch haben wir jetzt in unserer Zeit diese Ideale leben und zum Siege führen sehen. Hat nicht Gandhi mit seinem „Satyagraha", seiner Seelenkraft, seinem gewaltlosen Widerstand, eine der mächtigsten Nationen der Welt besiegt? Welchen stärkeren Beweis fordern wir? Wie weit müssen wir gehen?

Es läßt sich erlernen, wie wir vergeben müssen, um leben zu können. Fangen wir mit solchen an, gegen die wir bittere Gedanken und Gefühle hegen. Wir hielten diese zwar vordem für berechtigt. Die neue Denkungsart aber läßt uns erkennen, sie hatten nichts an der Lage ändern können. Sie fügten nur uns selbst großen Schaden zu. Wir müssen lernen, so zu vergeben, daß Vergeben Tat bedeutet und dadurch unserem Unterbewußtsein die Zielrichtung aufgeprägt wird.

Ein Tyrann ist das Unterbewußtsein. – Es bindet und hält uns, bis wir lernen, es zu meistern. Bevor wir dies nicht an unserem eigenen Leibe durchführen, können wir nicht unmittelbar die befreiende Wirkung echten Vergebens auf uns selbst erfahren. Mein Mann und ich nutzen unsere eigenen Erfahrungen, um anderen die Lehren weiterzugeben, die wir selbst oft mit hohen persönlichen Kosten erwarben. Wie tüchtige Chirurgen tief schneiden, so schnitten wir erbarmungslos in unsere negativen Empfindungen, bis wir unsere Schwächen fanden und ans Licht brachten.

Viele Jahre lang war mein Mann, Wallace Beard, allergisch gegen rohe Milch. Er war nicht imstande, sie ohne Übelkeit zu trinken. War er von Hause fort und bekam sie manchmal, ohne es zu wissen, in einer Speise, so brach ihm über Brust und Rücken Ausschlag aus. Hohe weiße Pusteln mit roten Flecken in der Mitte juckten und brannten eine Stunde oder länger. In meinen Vorträgen hörte er wiederholt den Satz: der menschliche Magen sei so eingerichtet, daß er alles Eßbare verdauen könne, wenn man ihn in Ruhe lasse und nicht dazwischen fährt. Dies kam ihm eines Tages zum Bewußtsein, und er fragte recht bekümmert: „Wenn das wahr ist, was in aller Welt ist denn bei mir nicht in Ordnung, daß ich keine rohe Milch trinken kann?“ Meine Antwort lautete kurz und etwas scherzend: „Das klingt wie eine letzte und schwerste Preisfrage, auf die alles ankommt. Vielleicht begibst du dich am besten gleich auf die Suche nach einer Antwort.“

Er betete und erbat vom Heiligen Geist, in sein Bewußtsein zu heben, was seine unerquickliche Reaktion auf rohe Milch verursache. Indem er bis in seine Kindheit zurückging, erkannte er in einem Gefühl von Abscheu und Widerwillen gegen seine Stiefmutter die Grundlage für sein allergisches Verhalten. Seine eigene Mutter war gestorben, als er noch ein kleiner Knabe war. Der Vater zog die Kinder auf. Er wurde ihnen im Laufe der Jahre Vater und Mutter. Sie hatten die üblichen Kinderkrankheiten, waren aber nie ernstlich erkrankt. Er entsann sich nicht, daß jemals ein Arzt ins Haus gekommen wäre.

Sein Vater hatte eine prächtige Lebensweisheit und ein tatkräftiges Vertrauen. In Liebe erzog er seine Kinder und heilte sie mit Liebe. Als die Kinder über 12 Jahre alt waren, heiratete der Vater zum zweiten Male. Unglücklicherweise war die Stiefmutter eifersüchtig. Aus dieser Ehe hatte sie drei Kinder; und, wenn die Stiefkinder auf Besuch zum Vater heimkamen, war sie nicht herzlich zu ihnen. Wallace meinte immer, an gebrochenem Herzen sei sein Vater so früh gestorben. Dennoch versuchte er, seiner Stiefmutter zu verzeihen. Sicher hatte er ihr auch mit dem Munde verziehen, wie in seinem Bewußtsein. Sein Unterbewußtsein war aber nicht davon durchdrungen.

Als Wallace klar wurde, daß dies sich so verhielt, erbat er völlige Reinigung und Befreiung, und sie ward ihm zuteil. Sie kam, als er sprach: „Wer weiß, ob ich an ihrer Stelle nicht genau so reagiert hätte wie sie?“ Als er sich in ihre Lage versetzte, verstand er sie. Dann erst konnte er wirklich vergeben und sein Unterbewußtsein davon überzeugen, daß dies Vergeben aufrichtig gemeint war. Von dem Tage an können wir ihm nicht genug Milch geben, und keine unangenehme Wirkung stellt sich ein. Ein Psychiater würde es dir damit erklären: ein Gefühl von Abneigung und Reizbarkeit gegenüber seiner Stiefmutter wirkte noch im Bereich des Unterbewußten, und Milch bedeutete die Beziehung der Vater-Mutter-Verwandtschaft. Wurde dem Körper Milch zugeführt, so drang ein Gedanke an Reizbarkeit in Empfindungsbahnen, die jene alte Abneigung bewahrten. Durch Haut- und Schleimhäute trat sie in Form von Pusteln an die Oberfläche. Der Körper ist wie ein Spiegel, der den Erinnerungen des Unterbewußtseins vorgehalten wird. Er spiegelt, was dort tief vergraben lebt, noch lange, nachdem jedes bewußte Wissen um die ursprüngliche Ursache erloschen ist.

Forschst du den vergrabenen Geheimnissen des Unterbewußtseins nach, so magst du im Sprechzimmer des Psychiaters stundenlang auf der Couch liegen. Oder du magst den Weg wählen, in deinem Arbeitszimmer die Tür zu schließen und den Rufer*), den Geist der Wahrheit, bitten, dich wissen zu lassen, was zu erkennen dir nötig ist. Was du suchst, ist im Unterbewußtsein vorhanden. Furchtloses Fragen kann es ins Bewußtsein heben. Du aber mußt bereit sein, dem entgegenzublicken, was auch immer sich dir zeigt. Sei dessen eingedenk, das Licht wählt nicht aus; und wenn du fragst, wird alles offenbar werden. Geh in dein Kämmerlein und schließe das Ego, das Ich, aus. In diesem Augenblick darf es nicht herrschen. Ihm ist keine Befehlsgewalt zu belassen. Einige Menschen überantworten sich gern Gott in der Erwartung, Er werde alles für sie tun. Viele, die in Krankheitsfällen Hilfe von uns erbitten, sagen: „Bitte, machen Sie meinen Körper gesund, versuchen Sie aber nicht, mich zu ändern. Gesund möchte ich werden, aber meine eigene Lebensweise möchte ich beibehalten.“

Nahen wir uns Gott im Gebet, so erbitten wir kein Zauberwerk. Uns ist eine sehr wichtige Rolle im Spiel übertragen. Zuckt der Blitz im Unwetter zur Erde nieder, so sehen wir nur den Lichtstrahl, der aus den Wolken dringt. Das Kraft-

*) Im englischen Text: comforter, ähnlich bei Luther: Tröster, Joh. 14,16 ff. (d. Ü.).

feld unbeweglicher statischer Elektrizität sehen wir nicht, das gradlinig vom Erdmittelpunkt aufsteigt. Dennoch ist es eben diese statische Elektrizität, die solche Macht der Anziehung ausübt und den Lichtstrahl vom Himmel herabreißt, bis er ihr begegnet.

Auf gleiche Weise entspricht Gottes Segen unserem Emporstreben. Entäußern wir uns unseres Selbst in Teilnahme und im Beten für andere, so wird eine Leere geschaffen, in die Gottes Liebe und Macht einströmen und uns erfüllen. Das Maß für dein Heilen, für dein Vollenden, für das im Leben von dir Vollbrachte wird durch das Maß bestimmt, in dem du sprechen kannst: „Von mir selbst habe ich nichts; aus mir selbst kann ich nichts tun." Erhebst du dich dann zu dem höheren Selbst, so kannst du mit Paulus bekennen: „In Jesus Christus aber vermag ich alles"; „was immer mir auferlegt wird, kann ich in Seiner Kraft vollbringen." Dann wirst du in Wahrheit anfangen, Möglichkeiten zu erkennen für dein Leben, für dein Glück, für deine Vollendung, für deine Erfüllung.

Erkennen kannst du alsdann – den Frieden des Gottesbewußtseins.

2. Dem Überwinder

Im 2. und 3. Kapitel der „Offenbarung" wird den Überwindern verheißen:

„Dem, der überwindet, will ich einen neuen Namen geben."

„Dem, der überwindet, will ich geben zu essen vom Baume des Lebens, der gepflanzt ist inmitten des Paradiesgartens Gottes."

Das Überwinden ist nicht leicht. Aber der Lohn ist groß. Solch Überwinden darf nicht verwechselt werden mit bloßem Verdrängen. Darüber wegzukommen, zu „überwinden", bedeutet über den Umkreis der Versuchungen hinauszugelangen an eine Stätte der Geborgenheit. Es ist allzu klar: Gewohnheiten sind weder durch Widerstand noch durch Kampf leicht zu überwinden; denn dadurch werden sie nur tiefer ins Unterbewußtsein abgedrängt.

Jesus mahnte: „Leiste keinen Widerstand, überwinde mit Gutem!" Hegst du Gedanken, die dir unlieb sind, so erfülle dein bewußtes Denken mit Gedanken, die dir lieb sind. Diese senken sich in dein Unterbewußtsein. Sie werden dort so festwurzeln wie vordem die unerwünschten.

Shakespeare gab den Rat: „Fehlt dir eine Tugend, so lege sie dir zu!" Lebst du, handelst du, denkst du so, als hättest du sie bereits, so wird sie dein. Weise das zurück, was du in dir nicht hochschätzen kannst. Ergreife Besitz von dem, was du hochschätzest. Entwirf im Geist Musterbilder. Stelle sie dir genau vor! Suche den Ansatzpunkt für eine neue Richtung, dein Leben zu gestalten.

Das ist leichter, als du es dir denkst! Schaffen wir ein Leitbild, das Heiligem Geist Raum gewährt unser Leben zu durchdringen, so finden wir Entspannung. Das neue Leitbild gewährt Heiligem Geist Raum einzuströmen, bis jedes Gefühl der Leere getilgt ist, jedes Sehnen gestillt, jedes Verlangen erfüllt.

Es mag wohl Augenblicke gegeben haben, in denen du das

Gefühl hattest, niemand kümmere sich um dich, niemand nähme dich wichtig; dein Leben kam dir bedeutungslos, wertlos vor. Du kannst dir vorstellen, was es bedeuten würde, fändest du dich plötzlich nach solchen Augenblicken deines Lebens umgeben von Liebe, umhegt und gepflegt. Das wäre eine überwältigende Erfahrung. Gerade nur einen Augenblick lang zu fühlen: „ich bin jemand", würde alles in der Welt verändern. Wenn Menschen das Gefühl haben, nichts wert zu sein, so stecken sie sich gleichsam ein Abzeichen an: „Gib dich nicht mit mir ab! Ich bin nichts wert."

Die Welt liest so eine Inschrift dem Buchstaben nach, Jünger Jesu aber übertragen sie in ihren wahren Sinn: „Hilf mir. Ich habe mich verirrt. Eure Hilfe, euer Verständnis brauche ich, um Gott zu finden." Die Religion bietet das Heilmittel. Menschen, die in ihrem Leben Gottes bewußt geworden sind, wissen: für uns sorgt Gott. Und die Erkenntnis, daß Gott für uns sorgt, ändert unser Verhalten.

Für solche, die nach Wegen zur Flucht ausschauen, und für solche, die sich gegen überlieferte Formen auflehnen, können wir deshalb nur beten, daß sie in die große Einheit einbezogen werden mögen, erfüllt mit der Liebe Gottes. Wenn sich im Verlaufe des Geschehens ihr Verhalten geändert hat; wenn ein neuer Vorsatz gefaßt wurde, so müssen stille Gebete ihrer Lieben, derer, die ihnen die Nächsten sind, solchen Vorsatz stärken und sie stützen, bis sie allein zu stehen vermögen. Ihrer nächsten Umgebung möchten wir in dieser Zeit ans Herz legen, das Gebet um Erfüllung mit Heiligem Geist möge alle Vorwürfe, alles Verurteilen zurückdrängen, die auszusprechen sie sonst vielleicht versucht sein möchten. Unter dem Einfluß solcher Gedankengänge gab ein junger Mann plötzlich das Trinken auf. Selbst in den Feiertagen fiel er nicht aus der Rolle, zu seiner eignen Überraschung und der seiner Frau. Später fragte er sie: „Meinst du, irgend etwas ist bei mir nicht in Ordnung? Mich verlangte gar nicht danach, zu trinken!" Wie denn hätte er danach Verlangen tragen können? So völlig erfüllte ihn Liebe, befriedigte ihn so ganz, daß für keinen Wunsch, für kein Verlangen mehr Raum blieb.

Die „ungenannten Helfer für Alkoholiker"*) haben prachtvolle Erfolge bei der Befreiung von Männern und Frauen; denn sie wecken in ihnen Vertrauen zu Gottes Liebe. Sie beweisen diese Liebe selbst durch ihre eigne selbstlose Hilfe und Teilnahme. Diese Gruppen gehören zu den eindrucksvollsten, die wir auf Reisen trafen. Sie wissen einander geschickt zu helfen. Eine Gruppe hatte ein Leitwort, das die Mitglieder sehr erfolgreich miteinander anwandten. Die Buchstaben dieses Leitspruches waren: E S H J. Der Leitspruch wurde durch Bewegungen dargestellt. Wurde der rechte Arm mit ausgestrecktem Zeigefinger hoch emporgereckt, so hieß das: „Empor, Seele!" Wurde der linke Arm dicht am Körper abwärts gestreckt, so daß der Daumen nach unten wies, so hieß das: „Herab, Ich!" In einem erregten Augenblick mochte einer von ihnen wohl in geschwollenem Ton reden, sein Ich ein wenig breit machend. Dann warf ein anderer aus der Gruppe unter freundlichem Lachen den linken Arm hoch in die Luft als Warnungszeichen: „Das Ich steigt empor!", und im anschließenden Gelächter gewann der Sprecher sein Gleichgewicht wieder.

Den meisten Menschen kommt es selbstverständlich vor zu glauben, jede andere Gewohnheit sei weit leichter zu überwinden als eben ihre eigene. Ein Jähzorniger meint oft, der Trunksucht würde er viel leichter Herr werden können als seiner eigenen Zornausbrüche. Zu beidem gehört viel Willenskraft. Wie viele Male ist der Wille da, aber die Kraft fehlt! Man müht sich und müht sich, betet und betet, gelangt aber nicht zur Überwindung und ist ratlos darüber, was weiter zu beginnen.

Das habe ich selbst erfahren. Ich hatte eine Menge kleiner Fehler, verlor die Geduld gegenüber Untüchtigkeit, war leicht gereizt. Zwischen Schütze und Skorpion geboren, versetzte ich mit meinen raschen Entgegnungen manchen unheimlich zielsicheren, verletzenden Stich. Wie oft fragte ich mich nach der Heimkehr abends beim Schlafengehen: „Wo-

*) Amerikanische Organisation (d. Ü.).

zu in aller Welt habe ich das heute gesagt? Werde ich's denn nie lernen?" Und ich verabscheute mich um deswillen, was ich gesagt und getan oder ungesagt und ungetan gelassen hatte.

Wie viele von uns machen das so, immer in dem Bewußtsein, ein höheres Selbst in uns verurteile und beklage ein niederes Ich, das anscheinend die Gewalt innehat.

Wie kann das höhere Selbst zu Herrschaft und Leitung gelangen? Manchmal sagen andere etwas, was erbarmungslos verletzt, und es scheint ihnen Freude zu machen, mit solchen Worten unsere empfindlichsten Stellen zu treffen. Tun sie das, so wollen wir in unserem Herzen sprechen: „Vater, vergib ihnen, hilf ihnen; denn sie selbst können sich nicht helfen." Wir dürfen gewiß sein, viele werden später bitter bereuen, was sie gesagt und getan haben. In keinem von uns will sein wahres Selbst so unfreundlich sprechen und handeln. Aber ein Etwas scheint uns dazu zu zwingen, das stärker ist als wir. Dies Etwas ist eine Gewohnheit, die von uns Besitz ergriffen hat. Vielleicht waren es solche Gewohnheiten in uns, die Jesus als Dämonen bezeichnete. Sogar Paulus gesteht: „Das Gute, das ich will, das tue ich nicht; aber das Böse, das ich nicht will, das tue ich."

Niedergedrückt ziehen wir des Weges und denken, wir können solche Gewohnheiten nicht in unsere Gewalt bekommen; und so denkend entschuldigen wir uns selbst mit den Worten: „Ich weiß nicht, woran das liegt. Meine Natur scheint eben so zu sein." Ja, wir geben zu, es ist ein Stück deiner Natur, aber es ist nicht dein wirkliches Wesen. Dein „göttliches Wesen" hat nichts damit zu tun. Es ist deine „menschliche Natur", nur aufgeprägt dem ursprünglichen Bild und Gleichnis, deinem wahren Selbst.

Wie können wir überwinden? Der erste Schritt muß das Verlangen des Herzens sein. Dann scheint alles entgegenkommen zu wollen, um dem Überwinder Beistand zu leisten. Gandhi hatte die Überzeugung, wer stets das Rechte tue, sei der Unterstützung der ganzen moralischen Welt gewiß. Er glaubte, auch die Sterne in ihrem Lauf würden für ihn wirken. Nichts vermöchte ihn zu besiegen.

Darf ich einen Weg beschreiben, der für mich und viele andere gleich unbedingt sicher ist?

Stehst du vor einer schweren Krisis und fühlst dich außerstande, damit fertig zu werden, so sei dir darüber klar: Machen sich erste Anzeichen aufsteigender gefühlsmäßiger Reaktion in dir warnend bemerkbar, so kannst du buchstäblich deinen Körper verlassen und den Meister bitten, in ihn einzugehen. Sprich schon früher oft zu Ihm darüber, wie sehr du Seiner Stärke in dir bedarfst, um auszuführen, was du allein nicht auszuführen vermöchtest. Triff mit Ihm ein Übereinkommen.

Sprich es Ihm gegenüber aus: wenn die Krisis eintritt, werdest du beiseite treten und Ihn einlassen. Ihn wirst du sprechen lassen. Du wirst auf Ihn lauschen. Ihn wirst du handeln lassen. Du wirst auf Ihn merken.

Du wirst in ähnlicher Lage sein wie ein Handwerkslehrling vor einer schwierigen Aufgabe. Du magst zum Handwerksmeister sprechen: „Komm zu meiner Werkbank und zeige es mir, während ich daneben stehe und zusehe. Habe ich zwei- bis dreimal zugesehen, wie du es machst, werde ich es können, das weiß ich." So lernst du die sehr feine Technik des Umgangs mit Werkzeugen, die du früher linkisch anpacktest. Das Wunderbare ist: Er wird es tun! In dich wird Er eingehen. Du wirst dich selbst Worte sprechen hören, die dir vordem fremd gewesen waren. Du wirst dich handeln sehen, wie zu handeln du von dir selbst aus vordem nie imstande gewesen wärst.

Unerwünschte Gewohnheiten können so unwägbar, so schwerelos sein. Sie haben von sich aus keine Macht. Sie haben nur deinen Glauben daran, daß sie Macht über dich hätten. Sie sind so leicht zu zerstreuen, wenn du des Meisters Hilfe annimmst, die Er bietet, und die zu leisten Er so gern bereit ist.

Dann kann es sein, als wären sie gar nicht dagewesen!

Diese mystische Stellvertretung wird zu etwas ganz und gar Praktischem im Alltag. Eine Transfusion findet statt, wenn du Ihn bittest, wirklich ins Fleisch einzugehen, so daß Sein Geist in dir Fleisch werden möge. Heißt das zu viel erwarten? Oder ist es das, was Paulus mit den Worten meint: „Christus in dir ist die Hoffnung der Herrlichkeit“ oder „In Christo Jesu kann ich alle Dinge tun“?

Für mich ist das die echte Kommunion. Wir feiern das Abendmahl, es gibt uns Kraft und Trost, und das ist recht so; die ganz echte Kommunion aber ist das tägliche, stündliche Eingehen Seines Geistes in den unseren. An jenem letzten Abend, den Er mit Seinen Jüngern verbrachte, als Er nach dem Brauche des jüdischen Passahmahls Brot und Wein gab und ihnen auftrug, zu essen und zu trinken zu Seinem Gedächtnis, – da war es Ihm gewiß, sie würden Ihn in diesem Sinne nie vergessen. Mag Er nicht zu ihnen gesprochen haben, wie Er heut zu uns spricht: „Nehmt mein Wesen in euer Wesen, nehmt meinen Leib und mein Blut in euer lebendiges Selbst auf, damit ihr meine Gedanken mir nachdenken und dem, was auf euch zukommt, begegnen werdet, wie ich ihm begegne. Lernet von mir. Geht ihr dann hinaus in die Welt, dem entgegen, was euch dort erwartet, so werdet ihr nicht schauen, was die Welt sieht. Sondern ihr werdet darüber hinaus, dahinter, darunter das Vollkommene erschauen und werdet mit mir rechtes Urteil fällen.“

Die Übung solcher Kommunion war sehr echt für den Bischof Charles Brent und bot ihm volles Genügen. „Jesus Christus“, meinte er, „ist nicht eine Theorie, nicht eine Idee. Er ist vielmehr eine Schlüssel-Persönlichkeit. Nehmen wir Ihn auf als den höchstmöglich erreichbaren Ausdruck Gottes im Menschenleben, den zu erkennen und aufzunehmen Menschen fähig sind, so beginnen wir uns zu befreien aus unserer Enge, in Sein Bewußtsein hinein.“

Nachdem Jesus von ihnen gegangen war, ließen die Jünger nicht ab, Ihn in ihr irdisches Leben aufzunehmen. Als sie auszogen, schauten sie die Dinge mit Seinen Augen und vollbrachten Taten, wie Er sie getan hatte. Neue Lebensgewohnheiten gestalteten sich in ihnen, wie sie sich auch in uns bilden können. Der Ausgangspunkt für eine neue Zielrichtung war für sie gewonnen, wie er auch für uns gewonnen werden kann. Auch wir können lernen, danach zu handeln, wie sie es lernten. Der große Meister wird uns lehren, wenn wir willens sind, beiseite zu treten und Ihn einzulassen. Wir können überwinden, wir können meistern. In Seiner Kraft können wir unsere Schwächen überwinden!

In dieser Kraft werden aus unserm Innern Kräfte, Fähigkeiten hervorgerufen werden, von deren Vorhandensein dort wir nie geträumt hätten!

Als 60jährige dürfen wir ein neues Leben beginnen, so, wie es Wallace und mir geschah, vom Feuer des Geistes durchglüht, Tag für Tag zwanglos dahingetragen, ohne Anstrengung, gelöst, befriedigt und erfüllt.

3. Vom sinkenden Petrus

So geht es auch uns! Das ist unser Untergang, wie es des Petrus Untergang war. Der Herr rief ihn, zu Ihm zu kommen über die Flut, und Petrus kam! Mindestens brach er auf.

Solange er emporblickte zum Herrn, schritt er über die Flut – in dem Augenblicke, als er niederblickte, sank er. Obwohl er doch tatsächlich einige Schritte gegangen war, konnte er dennoch nicht daran glauben. Die Unwahrscheinlichkeit dessen, was er vollbracht, ließ ihn hinabblicken und – untersinken. Ließ er das Gesetz des Geistes aus den Augen, so unterwarf er sich dem Gesetz der Materie und sank.

Zeitweilig gleichen wir alle dem Petrus.

Wir haben alle Gebetserhörungen erlebt, – wunderbare Erhörungen, – dennoch kommen viele von uns an eine Stelle wo wir abgleiten. Wir blicken hinab und sprechen: „Ich möchte wissen, ob ich wohl ein zweites Mal die gleiche Kraft werde haben können oder ob ich sie verloren habe?“ „Bin ich es wert, von ihr Gebrauch zu machen?“

Nun, warum gleiten wir? Deshalb, weil wir hinabblicken! Hätte Petrus weiterhin den Blick auf den Herrn gerichtet, wäre er den ganzen Weg zu Ihm hingeschritten. Tatsächlich hatte er doch das Wunder vollbracht. Er war über die Flut geschritten. Alte Gewohnheit aber erwies sich stärker als diese neue Erfahrung. Du bist Zeuge einer Macht geworden, die dich befähigte, scheinbar Unmögliches zu vollbringen. Dann aber wandtest du den Blick ab vom Gesetz des Geistes, um vom materiellen Blickpunkt aus zu betrachten, was du vollbringen sahst.

In dem Augenblick, in dem du davon ablässest, den Blick auf den Herrn zu richten, kommst du aus dem Bereiche dieser Macht. Doch unverlierbar ist, was du gewonnen. Stets gegenwärtig, harrt es darauf, von neuem ergriffen zu werden, wenn dein Blick sich hebt und eine einzige Richtung beibehält.

In Merrybrock zielten unsere Gebets- und Andachtsübungen mehrere Sommerwochen hindurch auf Erlangen des Gottesbewußtseins. Wir richteten uns nach Dr. Buckes Buch über kosmisches Bewußtsein. Täglich lasen wir Abschnitte daraus, um jenen immer näher zu kommen, die erspürt hatten, wie Gottes Erleuchtung sie streifte. Wir suchten etwas von dem zu erfahren, was jene erlebten, die einem höheren Bewußtsein enger verbunden waren. Wir wollten lernen, nicht nur dorthin zu gelangen, sondern auch sicherer und stetiger im Zustande erleuchteten Bewußtseins zu leben. Wir wuchsen in die Überzeugung hinein, in unserem geistigen Leben dürfte es kein Abgleiten geben. Niemals sollten wir sinken! Es gibt den seltsamen Glauben, unmöglich sei es für das Menschenwesen, sein Bewußtsein immerwährend auf der Höhe zu halten. Eine der größten Schwächen unserer heutigen christlichen Welt zeigt die so oft geäußerte Einstellung: „Aber für Menschenwesen ist es unmöglich, den hohen Grundsätzen Jesu nachzuleben. Wir sind zu menschlich." Hier liegt ein unheilvoller Irrtum vor. Jesus muß gewußt haben, was wir vollbringen können – wie hätte Er sonst zu Seinen Jüngern und zu uns gesprochen: „Ihr sollt vollkommen sein, gleichwie euer Vater im Himmel vollkommen ist!" Der Vater im Himmel ist das Gottesbewußtsein. Er lehrte sie, wie Er uns lehrt: wir dürfen hoffen, durch Zucht und Übung an irgendeiner Stätte verweilen zu lernen, wo wir der Höhe nahe sind. Halten wir allerdings eine Verheißung wie die von Offenbarung 3, 12 – wir würden als Säulen den Tempel stützen und ihn nie mehr verlassen – für unerfüllbar, dann werden wir kaum die Kraftanstrengung aufbringen, um dorthin zu gelangen und dort zu verweilen. Dann werden wir leichter den niederdrückenden Gedanken und Gewohnheiten Raum geben, die uns herabziehen.

Beim Rückblick auf mein eigenes Fortschreiten taucht in meiner Erinnerung vieles Fragen auf. „Ich frage mich, ob ich wohl die Willenskraft aufbringen werde, so zu leben?" „Ich frage mich, wünsche ich denn wirklich, so zu leben?" Ein unheimliches Gefühl war da, als wünschte ich mir, ab und an einmal recht schlecht zu sein . . ., eine eigenartige, unerklärliche Stimmung. Es ist so viel herrlicher, gerade zu stehen, als sich fallen zu lassen und seiner Schwäche nachzugeben. Warum denn tun wir es? Dies ist ein Zug menschlicher Natur, uns allen gemeinsam eigen. Dennoch brauchten wir ihn nicht zu haben. Es ist der gewaltige Zug niederwärts, von der Erde her, von der Gewohnheit.

Haben wir höheres Bewußtsein gekostet, dessen Befreiung in uns erfahren, befreites schöpferisches Leben durch uns hindurch wirken sehen, – warum denn sollten wir rückwärts gehen? Weil wir von dem Zug nach unten zurückgerissen werden. Wenn wir wollen, daß Gottes Schöpfermacht uns durchströme, unseren schwächeren Willen in den größeren aufnehme, dann ist der Zug nach unten überwunden. Es kommt auf die Übung darin an, den Blick auf das eine Ziel zu richten. Sie verleiht uns die Kraft, den ganzen Weg lang über die Flut zu schreiten. Der Wille eines Einzelnen mag starr sein und unnachgiebig; Gottes uns durchströmende Macht aber erhält uns biegsam, entspannt und bildsam.

Langsam aber sicher bei fortschreitender Entwicklung lernen wir es, im physischen Leibe als geistige Wesen zu leben. Weil das Geistige an Gewicht leichter ist, feiner, empfindlicher, deshalb unterliegt der schwerere, dichtere, materielle Leib stärker dem Zug nach unten. Das aber darf uns nicht entmutigen. Wir üben unser Geistesauge, bis es wahrzunehmen vermag:

„Vom Himmel ist die Erde ganz durchdrungen,
Ein jeder Busch flammt auf von Gottes Licht."

Wir müssen nur aufgeschlossen bleiben, feinfühlig für die Macht des Geistes, um sie auf uns zu ziehen. Durchlässig sollten wir werden für diesen göttlichen Strom. Zweifel, Furcht und verkehrte Einstellung schließen unsere Poren.

Durchlässigkeit ist ein gutes Wort. Aus der Physik kennen wir das Gesetz der Osmose. Im Laboratorium wird ein Wasserbad hergerichtet, das man in zwei Kammern teilt. Die Teilung erfolgt durch eine tierische Membran wie etwa Schweinsblase. An einer Seite wird Süßwasser eingefüllt, an der anderen Salzwasser. Da die tierische Membran in einem gewissen Maße durchlässig "semipermeabel" ist, wird die schwerere Salzlösung durch die Poren gepreßt; und nach einer gewissen Zeit sind Salz- und Süßwasser so gemischt, daß sich beiderseits der trennenden Membran Salzwasser gleicher Konzentration befindet. Das heißt Durchlässigkeit oder das Gesetz der Osmose. Uns ist geistige Osmose not. „Porös" sollten wir sein, durchlässig. Wir sollten fähig sein, Gottes Willen aufzusaugen, ihn in uns aufzunehmen, ihn mit unserm Willen zu vereinen, bis beide völlig eins geworden sind.

Gestalten wir durch Überwindung verkehrter Gewohnheiten unser Wesen um, so sind wir auf der Suche nach der Enthüllung unseres wahren Selbst. Ist es zu schwer, darauf zu vertrauen, daß wir in Gottes Bild und Gleichnis erschaffen sind, Erben Seiner Huld und Macht? Ist es denn möglich, daß sich ein Mensch durch seine Gedanken, seine Taten, seine Entscheidungen ein Zerrbild seines wahren Selbst gestaltet – aus sich selbst ein Geschöpf seines eigenen Wahns erschafft?

Entscheidet sich ein Mensch dafür, dies eigene Machwerk zu verschmähen, dann wartet sein echtes Selbst darauf, enthüllt, offenbart zu werden. Wir müssen unbedingt die Vollkommenheit entdecken, jenes geistige Leitbild, nach dem wir erschaffen sind, und das für „gut" befunden ward. Wir suchen nach Gott in Seiner eignen Schöpfung – uns selbst.

Ein sehr echter Grund, warum wir so leicht abgleiten, ist der: gewohnheitsmäßig denken wir in Begriffen, die vom physischen Leibe hergenommen sind, von dessen Ruhe-Bedürfnis nach einer Tätigkeit. Im erhöhten Bewußtsein aber besteht kein Bedürfnis nach solcher Art Ruhe. Haben wir die schöpferische Mitte erreicht, so können wir, wie unmöglich das auch scheinen mag, einen Zustand des Tätigseins ohne Anstrengung erreichen. Geistige Tätigkeit ist möglich, während Sinne und Leib passiv sind. Inmitten stärkst bewegten Lebens bewirkt sie ohne Anstrengung Befreiung aus der Enge. Die einzige Arbeit, die hier geleistet wird, besteht im Wesen des Widerstandes, der den Zug nach unten überwindet. Sind wir einmal hineingenommen in den rhythmischen Pulsschlag des Alls, so ist alles in vollkommenem

Gleichgewicht; und, wie alles Leben sich regt, bewegen wir uns. Dieser Rhythmus des Lebens ist nicht lehrbar, erfaßt muß er werden.

In seinem Buch „Wasser des Lebens“ bringt Glenn Clark die Geschichte eines jungen Studenten, der auf der Schule die griechische Sprache nicht hatte lernen können. Ein ihm befreundeter Professor – der die griechische Sprache liebte wie auch die rhythmische Schönheit, die im griechischen Leben den Grundton angibt – nahm diesen jungen Menschen tagtäglich während der ganzen Sommerferien hinaus in Hügel und Wälder. Er ließ ihn dort die griechischen Worte in sich hineintrinken, während er sie ihm vorsprach, vorsang, in den Bewegungen seines ganzen Körpers lebendig werden ließ. Am Ende des Sommers konnte der Student Griechisch.

Auf ähnliche Weise müssen wir Religion „erfühlen“. Religion sollte mehr sein als Ethik und Philosophie. In höchstem Sinne ist Religion ein Streben nach der rechten Beziehung zu Gott und zum Menschen. Dies Streben greift über unsern Verstand hinaus, schließt ihn aber dennoch ein. Es gehört der Welt des Fühlens an. Dem Herzen gehört es zu, nicht dem Kopfe. Mehrfach sagte Glenn Clark, er arbeite lieber mit einem zusammen, der sich einzufühlen verstehe, als mit einem, der lediglich eine hohe Intelligenzquote aufwiese. Ich bin sicher, er hat nichts gegen Intelligenz einzuwenden; aber er zieht es vor, wenn die Intelligenz sich der Fähigkeit unterordnet, den rechten Ton zu treffen. Ich möchte nicht mißverstanden werden – Verstand und Vernunft sind wertvoll. Aber wir müssen nach höherer Berührung Ausschau halten. Schöpferkraft entspringt der Intuition, sie entspringt dem Streben eines anderen Sinnes über die Vernunft hinaus. Durch Verstand und Vernunft hindurch muß sie dann zurückgeleitet werden, um gereinigt, aufgezeichnet, mit anderm in Beziehung gebracht zu werden, bis sie fest gegründet ist. Auf weiten Gefilden des Geistes rühren wir erstmals an sie in andächtiger Schau und Besinnung.

Im Hinblick auf unsere Ziele sollten wir keine verneinenden Ausdrücke gebrauchen. Nichts sollte als Ausfall gebucht werden; nur zeitweilig ist es beiseite geschoben. Wird es dem großen Rhythmus eingefügt; ihm Fülle zu verleihen, seht! so kommt es dereinst als vollkommenes Gebilde aus seinem Versteck hervor.

Manche sind auf gleichen Ton gestimmt, gebrauchen aber nicht die gleiche Ausdrucksweise wie wir; ja, vielleicht lehnen sie sogar den Sprachgebrauch der Religionen ab, wo wir ihm folgen. Doch „die Rose behält ihren süßen Duft, mit welchem Namen immer sie benannt sein mag". Andere mögen eine Wahrheit erfassen und ihr einen anderen Namen beilegen. Hüten wir uns vor Engherzigkeit im Denken. Nehmen wir Rücksicht darauf, daß für andere eine neue Ausdrucksweise notwendig sein mag; denken wir daran, daß das Wort für Namengebung (im Englischen: christen, d. Ü.) auf christlichen Ursprung zurückzuführen ist.

Bertrand Russell, der große Mathematiker, ist als tief religiös zu erkennen, obwohl er auf einem eigenen Wege eigene Ausdrucksweise gebraucht, die sicherlich nicht streng orthodoxer Art entspricht. Aber er hat Gesetze des Geistes entdeckt, nutzt sie und bringt ihnen tiefe Ehrfurcht entgegen. Zum Beispiel wird ihm nachgesagt, wenn er eine mathematische Aufgabe nicht gelöst habe – nachdem er alles versucht, was sein Verstand ihn finden ließ –, so lasse er sie liegen. Die Papiere lege er zusammen, bezeichne sie und tue sie in ein besonderes Schreibtischfach. Er löst sich von dieser Aufgabe und gestattet seinem Denken nicht mehr, darauf zurückzukommen oder dabei zu verweilen.

Wochen, sogar Monate mögen vergehen. Mag er dann einmal auf dem Lande spazierengehen, einen Dorfbewohner besuchen oder an etwas arbeiten, das von jener anderen Aufgabe weit abliegt, – plötzlich aus heiterm Himmel wird ihm die Lösung kommen. Er wird an die Schublade gehen, die Papiere herausnehmen, und in wenigen Minuten liegt die vollständige Lösung vor ihm. Wir würden diesen Vorgang nennen: die Aufgabe wird Gott anheimgestellt. Ich weiß nicht, wie Russell es nennt; aber das weiß ich: das Gesetz ist unter jedem Namen wirksam.

Sind wir auf seinen Ton eingestimmt, so treibt uns der

große Rhythmus, der die Sterne im Weltenraum schwingen läßt, der den Plejaden und dem Orion ihre Bahn vorzeichnet. Der große Rhythmus nimmt unser enges Denken in sich auf und verleiht ihm Fülle. Nicht unser Werk ist diese Befreiung aus der Enge. Ein anderes, das weit größer ist, als wir sind, lassen wir in uns die Befreiung wirken. Da vollzieht sich sowohl ein Akt des Vertrauens, wie ein Akt völliger Hingabe, wie ein Akt klarsten Erkennens.

Sättigt euch an Schönheit. Lest und lernt schöne Sprüche, schöne Gedichte und prägt sie euch ein. Hört schöne Musik, nehmt schöne Gebete in euch auf. Lebt darin als letztes am Abend und früh am Morgen, bis sie, einem Psalm gleich, euch durchströmen. Dann lernt, in der Vollendung zu ruhen. Ruhet in Gottes Liebe. Denn Ruhen heißt ja nicht Abschied nehmen „vom tätigen Leben". Ruhen heißt, die eine Form schöpferischen Wirkens reibungslos mit einer anderen vertauschen, ohne Unterbrechung des fließenden Rhythmus.

Sogar dem physischen Leibe bedeutet vollkommenste Ruhe Neu-Schöpfung. Sie bedeutet die leichte Wendung von einer Aufgabe zu einer anderen, ohne Unterbrechung der Bewegung; das Ausruhen einer Gruppe von Muskeln, während die andere Gruppe arbeitet; das Ausruhen des Geistes, während der Körper sich betätigt, oder umgekehrt.

Durchwandere das Leben voll Freude. Lerne das, was du tust, freudig zu tun, aus Liebe zu tun. Was du unter Druck tust, ermüdet. Suche nach dem, was du aus Liebe tun magst, oder, noch viel glückbringender: lerne das, was du tust, aus Liebe zu tun. In Merrybrook hatten mein Mann und ich als unsern Anteil an den Aufgaben der Hausgemeinschaft das Kochen übernommen. Von früh um neun an sind wir bis zwölf in der Küche. Wie Bruder Laurentius sind wir dort ungestört und führen ein beschauliches Leben. Unsere Hände sind geschäftig. Unser überbewußtes Selbst aber greift hinaus, das zu erfassen, was später am Tage Gestalt gewinnen wird. In dieser Küche ist das Gottesbewußtsein wichtiger als ein Mayonnaisenrezept. Beim Zubereiten der Speisen segnen wir sie zur Nahrung des Geistes wie des Leibes, der sie aufnehmen wird. Beim Bereiten der Speisen sind wir uns unserer Liebe bewußt zu denjenigen, die sie verzehren werden. Wir fühlen, Gottes Liebe dringt durch uns hindurch in die Elemente, die in ihren Leib eingehen. Dies bildet einen Teil der Heilung. Es macht nichts aus, was wir tun. Wie gering auch immer unsere Aufgabe sein mag, das macht keinen Unterschied. Wird sie in Gottes Namen getan, so kann der Geist gespeist werden. Gottesbewußtsein erwächst aus unterbewußtem, mechanischem Tun unserer Hände im Rhythmus der von uns geliebten Arbeit.

A. J. Cronin hat die Geschichte einer Krankenpflegerin beschrieben, mit der er in Schottland arbeitete. Sie leistete so harte Arbeit und wurde so gering besoldet, daß er ihr eines Tages sagte: „Sie sollten wirklich mehr fordern, Sie verlangen zu wenig Gehalt.“ Sie aber wehrte ab: „Ich habe doch genug, ich habe alles, was ich brauche.“ „Das weiß ich“, meinte er, „aber Gott weiß, daß Sie viel mehr wert sind, als Sie bekommen.“ Mit ihren klaren, blauen Augen sah sie ihn an, als sie versicherte: „Nun, wenn Gott es weiß, ist das ja genug.“

Weiß es Gott, daß ihr mehr wert seid, dann werdet ihr Genüge haben. Wirken wir in dem Sinne für Gott, daß unser Tun dem Fortwirken des Lebens dient, wohin es uns immer leiten möge, -- ja, dann verwirren uns keine Gedanken an genügende Anerkennung oder genügenden Verdienst oder genug Lob. Wir arbeiten nicht für eignen Ruhm. Wir arbeiten nicht für andere. Wir wirken, auf daß der Vater in uns wirken möge: „in Seinem Weinberg singen wir unser Lied“.

Jesus ist der Töpfer, wir sind der Ton. Er erschafft uns, Er formt uns nach Seinem Willen, wenn wir Seinen Willen in uns wirken lassen. Aber wir dürfen keine Zweifel hegen. Wir müssen uns Ihm überlassen in völliger Hingabe, wenn Er uns zu formen versucht. Sind wir nicht biegsam, so werden wir verletzt. Vor solchem Schmerz kann Er uns nicht bewahren. Der Schmerz entspringt daraus, daß wir nicht willig sind, uns hinzugeben, uns Ihm hinzugeben.

Die kleinen Ärgernisse, Neid, Auflehnung, Gehässigkeiten müssen uns wie ein Mantel von der Schulter gleiten; denn wie oft besteht unser Verschulden nicht in groben Sünden, sondern in feinen. Das eigenwillige Ich begehrt auf: „Warum kann ich das nicht haben?“ „Warum gibt Gott mir das nicht, wo ich es mir doch so sehr wünsche?“ Dies leise Widerstreben hält uns starr, Seinem Willen gegenüber unnachgiebig.

Machen wir Schluß damit, für uns selbst zu fordern. Lassen wir die Liebe ein. Dann sind wir zufrieden damit, alles, was immer vor uns liegt, in Seinem Namen, zu Seinem Ruhme zu tun. Geschirr spülen oder Klavier spielen, dichten oder die Küche fegen, – Straßenkehrer sein oder großer Künstler, was ist der Unterschied, wenn alles in Liebe zu Ihm getan wird?

Tun wir es mit Lob im Herzen, mit einem Lied auf den Lippen, so wird in dessen Rhythmus der ganze Leib mit einschwingen. Er wird von Glück erfüllt sein. Das Leben wird nicht mehr langweilig sein. Nichts wird mehr als schwere Aufgabe lasten. Alles wird zum Spiel; denn in unaufhörlich schwingendem Rhythmus durchschreiten wir die Tage.

Bleiben wir im Rhythmus des Alls, so können wir nicht absinken. Werden wir doch getragen von machtvoller Unterströmung. Sie hebt und stützt uns. Auf ihr strecken wir uns aus, Ihr überlassen wir uns. Wir kämpfen nicht länger. Wir widerstreben nicht länger. Kaum schmieden wir Pläne; wir forcieren nichts.

Wir sind in Frieden und ruhen in Gottes Liebe.

4. Frucht trägt die Wüste

„Freuen soll sich das dürre Land,
blühen wird es gleich der Rose.“

Wunderbare Verheißung! Wir dürfen nicht verzweifeln beim Blick auf ödes, dürres Land. Leiten wir Wasser über die Erde, bepflanzen wir sie im Vertrauen auf Gott, der wachsen läßt, so antwortet sie uns durch Fruchtbarkeit. Manche freilich, die zu uns kommen, möchten gern für sich die Wüste in Blüte sehen – Wasserleitungen anlegen, aber pflanzen, hacken und jäten möchten sie nicht. Sie kommen zu uns und sagen: „Meinen Körper machen Sie bitte gesund. Versuchen Sie aber ja nicht, meine Lebensweise oder gar mich selbst irgendwie zu ändern.“

Hinter solch gesprochener Rede hören wir die unausgesprochene: „Geben Sie mir, was ich verlange. Verlangen Sie aber ja nicht, daß ich dafür bezahle.“

Dies aber darf nicht sein. Wenn wir die Sprache geistiger Wahrheit vernehmen und verstehen, so bedürfen wir einer Wandlung durch und durch, tief im Innersten. So ist Heilen ein Überwinden. Völlige Heilung ist eine Bekehrung.

Den Leib zu heilen ist ein Anliegen. Letztes Ziel aber ist, daß der ganze Mensch heil werde – in Harmonie, ins Gleichgewicht gebracht an Leib, Geist und Seele. Es mag wohl geschehen, daß solche, die ausziehen Seelsorge zu treiben, unbeabsichtigt auch Heilerfolge haben. Es ist, als stießen wir durch einen Bergtunnel. Von entgegengesetzten Seiten fangen wir an, treffen uns aber in der Mitte. Manche sprechen geradezu den Geist an. Andere versuchen dem Leibe zu helfen; das letzte Ziel aber ist das gleiche. Selbstverständlich erhebt keiner von uns Anspruch auf eigene Macht. Wir wissen, wo die Kraft entspringt, die den Leib heilt, die Seele erlöst. Wir wissen, welche Kraft Heilung und Erlösung bewirkt. Es ist die göttliche Liebe.

Sehr wenig freilich wissen wir von dieser höchsten Liebe, die uns als göttlich gilt. Wir setzen unser Vertrauen in sie als in die mächtigste Bewegerin des Alls. Der Niederschlag ursprünglicher Kraft jenseits unseres Begreifens mag wohl reiner Geist sein; höchster Ausdruck dieses Geistes aber ist göttliche Liebe. Diese größte aller Gaben verwechselt die Welt oft mit Formen irdischer Liebe. Wir alle kennen sie und haben sie erfahren – die besitzergreifende, die sentimentale, die eifersüchtige, die fordernde Liebe –, sie alle führen Krisen herbei. Keiner dieser Formen gleicht der Liebe, von der wir jetzt sprechen. Zu ihrem Verständnis müssen wir Schritt für Schritt vordringen auf den Stufen unseres irdischen Liebens. Mit dem Augenblick unserer Geburt schon beginnen wir, diese Stufen zu erklimmen. Wir betreten die Welt in liebender Abhängigkeit von Vater und Mutter oder von denen, die uns umhegen. Die Geborgenheit im elterlichen Schutz setzt sich im späteren Leben fort in unserer Abhängigkeit von Gott, der uns Vater und Mutter ist.

Mit beginnender Reife drängt sich die geschlechtliche Liebe als eine der biologisch stärksten Triebkräfte in den Vordergrund. Weder mißachtet noch geleugnet darf sie werden; denn auf ihr beruht der Fortbestand der Menschheit. Gesteigert, erhoben, verklärt muß sie werden. Alles sie Betreffende sollte nicht beklagt, sie sollte nicht, sozusagen, in einen von der Luft abgesperrten Raum verbannt werden. Vielmehr wäre es viel besser, viel herrlicher, wenn unser eignes Tun und Sein unsere Kinder zu lehren vermöchte: Rühren sie an den Geschlechtstrieb, so rühren sie an die gleiche Gewalt, die den Lauf der Sterne lenkt. Hier waltet das gleiche Gesetz, das die Welt zusammenfügt. Das Gesetz des Lebens schlechthin wirkt auch im eignen Leibe. In unseren Kindern wie in uns selbst muß ein Gefühl der Scheu, der Ehrfurcht aufsteigen. Es soll an die Stelle früherer Puritaner-Lehren treten, die uns weit in die Irre bis zu seelischen Entgleisungen getrieben haben. Offen sollten Kinder über die edle Beziehung der Geschlechter belehrt werden; über die wundersame Macht der Anziehung, vor der sie in Andacht stehen sollten. Sie beschirmen sich selbst durch klares Erkennen:

Diese Macht ist der Schöpfung zugehörig. Nicht in des Menschen Hand gegeben, vollbringt sie vielmehr Gottes Auftrag. Durch die innere Beziehung zum anderen Menschen in der Ehe erfüllen wir die Forderung der Selbstaufopferung. An immer steigenden Anforderungen lehrt sie uns den Verzicht auf unser kleines Ich. Unsere Liebe zu einem anderen, unser Sehnen nach des andern Glück legt uns selbst Zügel an. Nun wollen wir nichts tun, was schaden könnte. Kommen später dann die Kinder, so fühlen wir als Eltern eine noch größere Liebe in uns wachsen; eine Liebe, die bereit ist, sogar das Leben für die Kinder hinzugeben. Wachsen wir von hier aus in der Liebe, so wachsen wir in Beziehungen hinein, mit denen wir die ganze Menschheit umfassen. Wir nehmen zu „in der Gnade" und kommen der göttlichen Liebe näher und näher.

In seinem Buch „Liebe sprengt Kerkertore" schreibt Starr Daily: „Liebe ist die Urgewalt, die alles Leben lenkt. Durch sie rührt der Mensch an die Schöpferkräfte des Alls und wendet sie an." Ob dieser Liebe Edles oder Unwürdiges entspringt; ob sie Leben schafft oder vernichtet, das hängt von dem Menschen ab, durch den sie wirkt. Starr Daily fährt fort: „Der Urgrund ist das unteilbar Eine, als solches keiner Begrenzung unterworfen. Es ist jenseits von Zeit, Raum, Teilung und Urteil; denn alle Dinge sind beschlossen in dem unwandelbar All-Einen. Es hat einzig ein Ziel, eine Wesenheit, einen Seinsgrund; nämlich den, zu schaffen. Im Schaffen eben wirkt der Urgrund. Das Schaffen an sich ist weder gut noch böse."

Dies bedeutet schlechthin: Steigen wir aufwärts auf Stufen der Liebe, so kommen wir näher und näher zu Gottes Schöpfermacht hin. Carl Binger spricht in seiner Biographie Freuds von dessen tiefer Einsicht in die Macht der Liebe und ihrer Gegenkraft. Seit je und je kennen wir diese beiden Kräfte als gute und böse. Ewig ringen sie scheinbar miteinander. Ewig liegen wir mit ihnen im Kampfe. Freud nennt sie nicht Kräfte. Vielmehr sieht er darin tief in uns wurzelnde Triebe. Er bezeichnet sie als Triebe der Liebe und des Todes.

Bewußt oder unbewußt sind wir dem einen oder anderen

verhaftet. Weit weniger sind wir den außer uns wirkenden Kräften und Gewalten unterworfen als den Trieben unseres eignen Innern. Darum müssen wir sie erkennen, überwachen, meistern. „Die Schwerkraft zieht zur Erde nieder. Liebe reißt den Geist empor." Liebe wirkt in der geistigen Welt gleich der Anziehungskraft innerhalb der Materie. Das Gesetz der Anziehung hält die Welt zusammen. Sie bewahrt uns davor, daß die Erdumdrehung uns in den Weltraum schleudert. Sie schließt zusammen, trägt und bindet. Gleiches wirkt Liebe, nur auf höherer, weiterer Ebene. Auch sie schließt zusammen, bindet, trägt. Das ist es, warum Liebe zu heilen vermag.

Alles, was hinter der Liebe zurückbleibt, zersetzt, zerteilt, zersplittert, zerstört – tötet! Beides steht uns heute vor Augen: Liebe und Tod. Welchen Weg sollen wir einschlagen? Wir haben ja die Wahl. Wir haben das Leitbild und die Unterweisung, wenn wir uns entscheiden, unsern Blick darauf zu richten.

Wenige Wörter sind so falsch ausgelegt, so mißverstanden, so mißbraucht worden wie das Wort Liebe. In diesem Kapitel sprechen wir von einer Liebe, die mehr ist als Zuneigung. Zuneigung ist bloßer Ausdruck und Ausfluß der Liebe. Paulus braucht das Wort agape, das bezeichnet eine lebendige Kraft – „eine Kraft, die alles lebendige Tun durchströmt; an alles rührt; jede Beziehung wandelt; jedes gemeinsame Wirken mit Lebenskraft durchdringt".

Im Gebet, in andächtiger Sammlung wächst uns ein Empfinden dafür: das, was in unserm Leben so grauenhaft schien, sei am Ende garnicht so schlimm. Vor allem, wenn wir uns in Gruppen zur Fürbitte für andere zusammenschließen, wird uns das klar. Viel enger und näher sind wir der Welt verbunden als wir jemals wähnten. Viel mehr gleichen wir einander, als daß wir uns voneinander unterscheiden. Je mehr unser inneres Selbst über unsere eigenen Wirren hinauswächst, um so mehr beginnen wir, anderer Gram und Leid aufzunehmen. Wir verstehen sie; und wir verstehen besser, worunter sie leiden. In solcher Gemeinsamkeit treten wir ein in das stellvertretende Leiden unseres Herrn.

Von Gandhi wird berichtet, er habe Christus-ähnliche

Versöhnung geübt und zwar, wann immer Knaben seiner Ashram-Schule etwas begangen hatten, was sie nicht hätten tun dürfen. Einmal unternahmen zwei seiner Jungen einen Streifzug, wobei sie etwas vom Mobiliar zerbrachen. Keiner fragte, wer das getan hätte. Keiner schien zu wissen, wer die Schuldigen wären. Gandhi zitierte sie nicht zu Verhör und Verweis. Sondern er rief sie alle am nächsten Morgen zusammen und bekannte seine Trauer über sein eigenes Versagen, da er sie nicht recht erzogen habe.

Für dies sein Versagen, erklärte er ihnen, wolle er Buße tun durch dreitägiges Fasten. Er hoffe, Gott werde ihm vergeben, wie er sie nun bitte, ihm zu vergeben. Es liegt auf der Hand, daß nicht lange Zeit verstrich, bis beide Jungen ihre Tat gestanden und den Mahatma baten, nicht zu fasten. Freiwillig kamen sie zu ihm und baten ihn inständig: „Nimm nicht unsretwegen ein Fasten auf dich. Wir werden es nicht wieder tun. Wir sind geheilt. Wir taten es nur, um zu sehen, wie das sein würde. Es tut uns leid."

Jesus hatte den Gipfel gottgleichen Wesens im Menschen erklommen, als Er am Kreuz Gottes Vergebung erbat für jene, die Ihm ohne Not Leid zugefügt hatten; „denn sie wissen nicht, was sie tun". Aus diesem Gebet spricht Seine tiefe Einsicht, Sein Vertrauen in des Menschen Fähigkeit zu wachsen, zu reifen; bis der Mensch jene Höhe erreicht, die ihn klar erkennen läßt, was er getan, so daß er vor solchem Handeln künftig zurückschreckt.

Sollen wir in uns Wüste wandeln zu fruchttragendem Akker, so müssen wir vornehmlich in allen Dingen den Ausdruck göttlicher Liebe erkennen, wie verhüllt, ja, wie verzerrt er auch erscheinen mag. Denken, fühlen wir Liebloses, so reißen wir uns selbst los von Gottes Liebe. Für die meisten Kinder bedeutet es schwerste Strafe, wenn wir uns nicht um sie kümmern, nachdem sie absichtlich nicht mittaten und sich abwandten von unserer Liebe. Unsere Beachtung werden sie wieder zu gewinnen suchen – genau so, wie wir Gottes Huld und die unserer Gefährten wieder zu erringen trachten. In warme Geborgenheit ersehnter Liebe jedoch führt sie wie uns selbst nur der Schmerz echter Reue zurück.

Wir denken oft, trotz all unserer Eigenmächtigkeiten und unseres Versagens sollten uns unsere Eltern und nahen Freunde lieb behalten; und, Gott sei Dank, tun sie es auch meist. In gleicher Weise ersehnen wir die Zuversicht, Gott behalte uns lieb trotz all unserer Fehler und unseres Versagens; und dafür sind wir wiederum Ihm dankbar. Dieses Einklangs dürfen wir aber nur sicher sein, solange wir selbst uns in Liebe auf die Menschen um uns her einstimmen.

Um anderen tun zu können, was wir wollen, daß sie uns tun, müssen wir die größere Liebe erlernen; das wahre Selbst in andern lieben lernen. Soweit wie möglich müssen wir absehen von willkürlichen Abweichungen, die sich oft zeigen. Einzig im Bewußtsein ist Unvollkommenheit. Die allmächtige Erlöserin ist Liebe. Mitleid führt nicht zum Freiwerden; denn Mitleid nimmt die Bedingungen des Leidens an. Echtes Erbarmen aber versteht und erlöst in Liebe. Stets ist solch hohes Lieben radioaktiv. Es verströmt sich selbst, wie das Herz bei jedem Schlag sein Blut verströmt durch Adern und Venen. Wo immer du den Leib triffst, triffst du das Herz. Wo immer du an den von Gott erfüllten Menschen rührst, rührst du an die Liebe Gottes.

Eine Freundin aus St. Louis, die selbst erstaunliche Heilung durch Gebet erlebt hatte, berichtet über eine aufschlußreiche Erfahrung. Diese Erfahrung hat sie tief beeindruckt, ja wahrhaft erschreckt. Sie war stets ein impulsiver Mensch gewesen, die sich von starkem, stürmischem Gefühl hatte leiten lassen. Sie lernte erst, ihr draufgängerisches Temperament zu beherrschen, als sie darin die wesentliche Ursache ihres hohen Blutdruckes erkannte. Bei dem Erlebnis jedoch, über das wir in folgendem berichten wollen, hatte sie auf ihre Gefühle rein gar nicht achtgehabt. Seit langem wünschte sie sich einen Rosengarten. Aber für Rosen hatte sie nicht den rechten Boden. Im letzten Frühjahr erst wurde mit neuer Erde ein rechtes Rosenbeet angelegt. Unter den verschiedenen Sorten war auch eine lavendelfarbige Rose. Sie hatte noch nie eine lavendelfarbige Buschrose gesehen. Deshalb kümmerte sie sich eifrig um das Wachstum gerade dieses Stockes. Bei jedem Aufenthalt im Garten widmete sie ihm viel mehr Zeit als den andern allen. Mit üppigem Blattwerk schoß er empor, merkbar rascher als die andern; denn sie liebte ihn und wandte ihm viel Teilnahme zu in ungeduldigem Warten auf seine Blütezeit.

Die Jahreszeit rückte vor, und nach zwei Tagen leichten Regens zeigten sich mit den Sonnenstrahlen die Knospen. Aber ach, die Farbe der Lavendelrose war nicht Lavendel, sondern ein elend wässeriges Mattblau. Die Gartenbesitzerin zügelte ihre Ungeduld. Sie redete sich selbst zu, sie wollte noch einige Tage warten. Aber die Farbe wurde nicht ausdrucksvoller. Als sie am Sonntagmorgen den Garten betrat, sah sie den Stock voll heftiger Enttäuschung an und rief mit einer Gebärde des Abscheus: „Meinetwegen magst du eingehen."

Sie arbeitete in anderen Teilen des Gartens, ohne die Rosen weiter zu beachten. Am nächsten Abend aber ging sie hinüber zur Lavendelrose. Da lag der Stock verwelkt zu ihren Füßen. Sie erschrak, und sie erschrak zu Recht. Hier nämlich ist ein Beispiel für den unverständigen Gebrauch, den wir so oft von dieser ungeheuren Kraft machen. Achtlos, gedankenlos stellen wir sie in den Dienst der Zerstörung statt in den Dienst steigenden Lebens. Durch krittelnde, scharfe, lieblose Worte – ja, durch Gedanken voll Ärger, Groll, Erbitterung wenden wir diese Kraft in ihr Gegenteil um. Wir ändern das Potential, und die sonst aufbauende Kraft zerstört. Wenn wir die schöpferische Gewalt der Liebe wirksam zu aufbauendem Werk der Heilung gebrauchen – aber alsbald während eines Augenblicks der Gedankenlosigkeit zurückgleiten in unser eigenwilliges, kleinliches Ich um Negatives auszusprechen, auszudenken –, dann geben wir dieser Kraft die entgegengesetzte Richtung zum negativen Pol hin. Es ist, als hätten wir an einem Schalter gedreht. „Von den gleichen Lippen erklingt Segen und Fluch", warnt Jacobus 3, 10, und Sprüche 18, 21 sagen: „Über Leben und Tod gebietet die Zunge."

Vor Jahren entschloß sich Luther Burbank zu Züchtungsversuchen mit Kakteen der Wüsten im Westen (Amerikas,

d. Ü.). Er wollte nämlich einen Kaktus ohne Dornen züchten. Um seine Versuche kennenzulernen, besuchte ihn einer der Gurus aus dem Osten (Indiens, der Yogananda, d. Ü.). In seiner „Autobiographie eines Yogi" berichtet er darüber, wie Burbank das heimische Wachstum des Kaktus untersuchte, um ihm die günstigsten Lebensbedingungen zu schaffen. Nachdem er alles getan, was er aus Fachstudien hatte lernen können, ging er einen Schritt weiter – er sprach die Pflanzen an; er liebte sie.

Er versicherte sie seiner Fürsorge und seines Schutzes. Er sagte ihnen, es leuchte ihm ein, daß sie zu ihrer Verteidigung den Dorn ausgebildet hätten. Er aber werde ihnen so günstige Bedingungen schaffen, daß sie den Dorn nicht brauchen, ja, ihn nach und nach abstreifen würden. Seine Treibhäuser waren so eingerichtet, daß kein Luftzug hindurchstrich, der die Pflanzenblätter durch Aneinanderreiben gestört oder eine Gefahr vorgetäuscht hätte. In Generationen verschwanden nach und nach die Dornen. Jetzt wächst der eßbare Kaktus auf den Ebenen des (amerikanischen, d. Ü.) Westens, eine Wohltat für Mensch und Tier; denn für Notzeiten enthält er einen trinkbaren Saft. Er läßt sich nun aufbrechen, was vordem die scharfen, wehrhaften Dornen verhinderten. George Washington Carver sagt einmal: „Ein jedes Ding gibt sein Geheimnis dem preis, der es innig genug liebt." Und wir vernehmen die Worte Jesajas: „Gedenket nicht an das Alte und achtet nicht auf das Vorige! Denn siehe, ich will ein Neues machen; jetzt soll es aufwachsen, und ihr werdet's erfahren, daß ich Weg in der Wüste mache und Wasserströme in der Einöde." (Jesaja 43, 18f.)

5. Heilung

Während wir jahrelang mit Medikamenten arbeiteten, haben wir uns oft die Frage vorgelegt: „Welche Kraft enthält denn das Medikament, die dem Körper hilft?"

Fügt das Medikament selbst etwas hinzu, oder nimmt es etwas fort, oder reizt es nur die im Körper selbst vorhandenen Genesungskräfte an zur Ausführung dessen, was zu tun ist? Was ist denn diesen winzigen Stoffteilchen einverleibt, von denen wir hoffen, daß sie den Körper von der Krankheit zur Gesundheit verwandeln werden? Die einzige Antwort, die wir zu geben vermögen, ist diese: im Medikament wohnt eine Macht, die von Gott stammt und auf Göttliches in den Zellen des Leibes einwirkt. Diese heilende Macht oder Intelligenz sei, so meinen wir weiter, wiederum eine gottgegebene Macht. Wir mögen sie Natur nennen, müssen aber letztlich doch innerhalb der Natur die Intelligenz anerkennen, die Gott selbst ist. Auch wenn man diese Bezeichnungen lieber nicht verwenden mag, so ist doch alles an und für sich in Ordnung: Der Sinn bleibt der gleiche. Daraufhin stießen wir aber auf die unausweichliche Frage: „Warum haben wir denn keinen direkten Zugang zu dieser Kraft? Wozu brauchen wir etwas Vermittelndes?" Befriedigt dies Vermittelnde nur unser Verlangen nach etwas Sichtbarem, Erfaßbarem – nach etwas, das wir greifen können, und dem wir deshalb mehr trauen? Zeigt sich hier unsere Abhängigkeit von der materiellen Welt? Zeigt sich hier unsere Unfähigkeit, hinter dieser sichtbaren Welt jene unsichtbare Welt reiner Kraft wahrzunehmen, von der Eddington, Jeans und die Meister der Physik uns versichern, sie läge jenseits des sichtbaren Alls? Sie künden uns nämlich, auf dieser unermeßlichen, unerschauten Welt der Kraft ruhe die Materie, diese sei nur deren sichtbarer Ausdruck.

Dies schien an unsere Gedanken über den Gebrauch von

Medikamenten anzuknüpfen, die wir deshalb noch vielerlei strengen Versuchen und sogar Proben an uns selbst unterwarfen, während wir uns fragten: „Können wir direkt zu dieser Arzneikraft vordringen und die Hilfe finden, die wir brauchen?“ „Können wir unsere Patienten dorthin führen und die helfende Kraft auch für sie finden?“

Auf mancherlei Weise erhörte Gott unser Fragen und Bitten – vornehmlich durch die Entdeckung, Wallace (Beard, Gatte der Verf., d. Ü.) schien ein Mittler für diese Kraft zu sein, die Schmerzen linderte, wenn er einem Kranken die Hände auflegte. Er tat dies betend, demütig; denn er wußte, was er auch heut weiß, wie wir beide es wissen: aus uns selbst haben wir keine Macht.

Nichts ist in uns, das imstande wäre ein großes Werk zu tun; können wir aber uns selbst aufgeben, können wir uns selbst vergessen bis zu dem Grade, daß wir zum Meister sprechen: „Mach uns zu deinem Werkzeug“, dann erfahren wir, an diese Kraft kann Anschluß gefunden werden. Sie kann gelenkt werden, und sie wird das Werk vollbringen, gerade wie sie es zu der Zeit vollbrachte, da Jesus sprach: „Von mir selbst kann ich nichts tun. Mein Vater wirkt.“ Wenden wir uns heute an Ihn in dem Vertrauen, daß Er unmittelbar bei uns ist, daß Er mitten unter uns weilt in der Macht des Auferstandenen, dann fühlen wir, wie Gottes Liebe uns durchströmt zur Heilung des Leibes, zur Befreiung der Seele, zum Wachstum des Geistes. Dies kann Er durch euch wirken. Dies kann Er durch alle jene wirken, die bereit sind, sich selbst aufzugeben, sich selbst zu erschließen, sich selbst aus dem Wege zu räumen, auf daß Er sie gebrauche als Sein Werkzeug.

Vor Jahren konnten wir in der modernen medizinischen Wissenschaft einen Zug beobachten, sich von Medikamenten ab- und natürlichen, erdgewachsenen Mitteln zuzuwenden. Wir leugnen nicht, daß Aconit, Strychnin, Belladonne, Morphium den ihnen zukommenden Platz hätten. Den haben sie gewiß. Aber in der sogenannten zeitgemäßen ärztlichen Praxis werden sie heute viel weniger gebraucht als früher. Diesen Umschwung habt ihr zu euren eigenen Lebzeiten beobachten können. Ihr habt Sulfonamid-Präparate volkstümlich werden sehen, habt sie im letzten Krieg als Zaubermittel preisen hören. Jeder Soldat erhielt eine Packung Sulfonamid-Präparate zum Gebrauch in vorderster Linie für Notfälle. Dann begannen Berichte einzulaufen über ungünstige Nachwirkungen des Gebrauchs dieser Sulfonamid-Präparate. Schwere nachfolgende Schäden wurden festgestellt, die Begeisterung schwand nach und nach, und Penicillin trat an die Stelle der Sulfonamid-Präparate. Penicillin ist nicht Medikament in dem Sinne wie andere Medikamente. Es ist ein Produkt vegetativen Wachstums. Es ist seltsam, daß wir in so vielen Jahren das Penicillin nicht fanden, wiewohl wir den vollen Augenschein im Laboratorium ständig vor uns hatten. Das zeigt, wie oft eine Wahrheit auf der Hand liegt; wir aber nehmen sie nicht wahr oder nehmen keine Notiz von ihr.

Untersuchten wir im Laboratorium das Leben von Bakterien, so züchteten wir die Kulturen in kleinen Glasschalen, „Petri-Schalen", die aussehen wie Flaschenuntersätze auf dem Eßtisch. Wir füllten sie mit „Nährböden für Bakterien", in denen wir einen bestimmten Bazillus einsetzten, der dann eine Kolonie bildete. Wollten wir den Bazillus unter dem Mikroskop untersuchen, so tauchten wir jedesmal die Pincette in die Kolonie und hoben das winzige Kleinlebewesen, den Bazillus, auf eine Glasplatte. Darauf tropften wir Fixativ, damit der Bazillus unter dem Vergrößerungsglas sichtbar bliebe und wir auf diese Weise mit den Formen verschiedener Bakterien vertraut wurden und sie voneinander unterscheiden lernten.

Waren wir damit fertig, das Leben einer bestimmten Art von Bakterien zu untersuchen, so pflegten wir die betreffende „Petri-Schale" auf ein Regal zu stellen, wo niemand sie anfaßte. Selten reinigten wir sie; denn wir hatten folgendes herausgefunden: hatten wir sie erst einmal abgestellt und ein paar Wochen in Ruhe gelassen, so würden wir, wenn wir sie wieder zur Hand nehmen, die ganze Oberfläche mit Schimmel bedeckt finden; tauchten wir aber unsere Pincette hinein und legten etwas davon auf eine Glasplatte, so lagen dort graugrüne schleimige Gebilde, aber keine Spur des ursprünglichen Bazillus. Wie durch Zauber hatte der sich also verflüchtigt. Uns aber dämmerte nichts von dem, was da geschehen war. Wir sahen nur, wie einfach und sicher die „Petri-Schalen" auf diese Art zu reinigen waren. Dieser Schimmel aber, der über der Bakterien-Kolonie wuchs, vernichtete die Bakterien! Eines Tages kam dann dem englischen Gelehrten (Fleming d. Ü.) in blitzartiger Intuition die Erkenntnis, daß gewiß ein bestimmter Absonderungsstoff aus dem sich ausbreitenden Schimmel den Zauber wirke. So wurde Penicillin gewonnen und für Einspritzungen in den menschlichen Körper verwendbar gemacht, um das Wachstum krankheitserregender Bakterien zu unterbinden.

Ein weiterer Schritt in Richtung auf erdgewachsene oder natürliche Mittel wurde im Bereich der Vitamine und Mineralien unternommen aus dem Verständnis dafür, was diese für den Körper bedeuten. Lange Zeit glaubten wir, der Mangel an Vitaminen und Mineralien rühre einzig vom Fehlen dieser Stoffe im Boden her; und daher fehlten sie eben auch in den Nahrungsmitteln, die auf diesem Boden gewachsen waren. Dies besteht im großen und ganzen zu Recht; aber neuerdings ist entdeckt worden, daß unser Seelenleben die Menge der Vitamine und Mineralien, die wir unserer Nahrung entnehmen und uns assimilieren, entscheidend bestimmt.

Sind wir niedergedrückt, ist unsere Stimmung unter Null, so nimmt der Körper die Vitamine und Mineralstoffe nicht so auf, wie er sollte. Zwei Menschen können Tag für Tag die gleiche Nahrung genießen, der eine im inneren Gleichgewicht, im Zustand seelischer Ruhe, der andere aber durch starke seelische Unruhe aus dem Gleichgewicht gebracht. Der erste wird alle Vitamine und Mineralstoffe aufnehmen, die er braucht, der andere dagegen wird nicht assimilieren, was der Körper braucht. Diese Tatsache hebt aber deshalb nicht all jene Anstrengungen auf, die erforderlich sind, um alle notwendigen Mineralstoffe dem Boden wieder zuzuführen oder andererseits eine richtige Diätkost zusammenzustellen. All solche Maßnahmen sind gesund und recht, doch muß man die Ansicht ablehnen, als ob allein nur durch rechte Auswahl der Nahrungsmittel allem Übel gesteuert werden könne. Beeinflussen unsere Gemütsbewegungen den Körper und seine Nahrungsaufnahme, dann liegt der Fehler nicht nur beim Körper selbst oder nur bei der Ernährung. Ein kanadischer Chemiker*) reiste 25 Jahre lang umher und hielt Vorträge, in denen er über den Wert der Nahrungsmittel und über die Bedeutung der Diät lehrte. Während dieser ganzen Zeit litt er an Magengeschwüren. Eines Tages kam er beim Bibellesen an die Stelle: „Nicht, was zum Munde eingeht, sondern was zum Munde ausgeht, verunreinigt den Menschen ... das, was aus dem Herzen kommt." Er muß mit den Augen geblinzelt und hervorgestoßen haben: „Was habe ich die ganze Zeit über getan?" Denn von dem Zeitpunkt an wandte er sich dem Geistigen zu. Er wurde geheilt und brachte andern Heilung durch die Macht des Gebets und der Sinnesänderung.

Wir heben unsere Ernährung so sehr ins Bewußtsein, daß wir viel zu viel darüber nachdenken und so die normale Verdauung stören. Wir flößen dem Unterbewußtsein Furcht ein und hegen Besorgnisse in bezug auf das, was wir essen, bis wir schließlich Angst haben, überhaupt zu essen. Je mehr wir darüber nachdenken, um so ängstlicher werden wir, und dieser schlimme Kreislauf, ein „circulus vitiosus", ruft Verdauungsstörungen aller Art hervor. Bei Menschen, die solche Gedanken über Ernährung auf die Spitze treiben, ist der Körper oft buchstäblich ausgehungert, ungeachtet allen Essens.

Und dann sind da Hormone, die Drüsenabsonderungen, die eine so wichtige Rolle im Körper spielen, daß jemand sie aus „innersekretorische" in „infernalische" Drüsen umbenannt hat. Neue Untersuchungen und Berichte über zwei wichtige Absonderungen des unteren Gehirnanhanges (Hypophyse) und der Nebenniere zeigen die ungeheure Wirkung dieser Hormone auf den Körper. Man vermutet, bei der Wichtigkeit dieser Hormonabsonderung dem Geheimnis der

*) Albert Cliffe.

Immunität des Körpers auf die Spur zu kommen. Ein neuer Bericht stellt die Ausscheidungen des Hypophyse-Vorderlappens in das Gehirn fest als D O C A-Desoxycortisonsteron-Acetat, wenn Sie gestatten! Dies wirkt zusammen mit A C T H, den adrenocorticotropen Hormonen aus den winzigen Drüsen, die aussehen wie spitze Hütchen, die auf den Nieren sitzen. Eine Beschreibung von Wirkungen und Gegenwirkungen dieser Ausscheidungen auf unseren seelischen Zustand klingt wie das Geschichtchen vom „Haus, das Meister Jakob baute"; denn wiederum sehen wir hier, in wie hohem Grade unser seelisches Leben die Drüsenausscheidungen und deren Wirkung beeinflußt.

Es heißt, die Aufnahme von Vitaminen und Mineralstoffen regele die Ausscheidungen innerer Drüsen. Umgekehrt stören seelische Beunruhigungen die Aufnahme von Vitaminen und Mineralstoffen. Ein Satz aus der als Adaption bekannten Gruppe von Symptomen erinnert uns an das „Haus, das Meister Jakob baute". „Seelische Störungen sind imstande, Mangel an etwas (Vitamin) herbeizuführen, der seinerseits imstande ist, das Eindringen von etwas anderem (Bazillen) herbeizuführen, das uns krank macht." Es ist leicht, einzusehen, wieso die medizinische Welt gezwungen wird, bei Krankheitsfällen ernst und wissenschaftlich das Seelenleben des Menschen als entscheidenden Faktor zu untersuchen. Die psychosomatische Ursache für hohen Blutdruck entdeckten wir in einer Art leiser, unterdrückter Furcht; Furcht vor dem, was kommen könnte, nicht vor etwas, das ist; meist sind es Befürchtungen für zukünftiges Geschehen. Deshalb sind es Einbildungen in dem Sinne, daß das Gefürchtete vielleicht niemals eintreten wird. Wir fanden im Fall der Zuckerkrankheit, daß Kummer und Enttäuschung mehr Kraft aufbrauchen, als irgendeine andere Seelenregung. Dadurch wird der Insulinvorrat verzehrt, den die Pankreaszellen herstellen, solange sie nicht verbraucht sind. Hier handelt es sich um Seelenregungen, die auf die Vergangenheit bezogen sind, – diese Vergangenheit wiederum zum Leben erwecken und dadurch den Menschen unfähig machen, nach vorwärts ins Leben zu dringen.

Bei solchen Störungen vermag die Medizin Erleichterung zu gewähren. Ärzte können Mittel verabfolgen, die, wenn der Blutdruck hoch ist, ihn senken oder ihn steigern, falls er niedrig ist, aber nicht auf die Dauer. Sie können Insulin verabreichen, das mehr Zucker zu Energie verbrennen wird, und so dem Zuckerkranken Erleichterung gewähren. Das sind entscheidende Hilfen, aber völlige Genesung bringen sie nicht. Noch ist keine Medizin, keine Lymphe entdeckt worden, die uns vor unseren eignen seelischen Konflikten schützen würde. Bessere Einsicht in unser eigenes Seelen-Ich und Hinwendung zu religiösem Glauben scheinen die Verbindung zu schaffen, die jedem von uns größte Aussicht auf dauernde Hilfe eröffnet.

Dann wird also die Antwort von unserer christlichen Überlieferung gegeben durch Jesu Lehren. Danach haben einige stets gelebt. Wir nannten sie Heilige oder heiligmäßig Lebende. In eurer Familie mögen heiligmäßig Lebende gewesen sein. In unserer war eine.

Meine Großmutter väterlicherseits war eine Frau, die ihren Weg täglich, stündlich mit Gott ging – eine Frau, so sanft wie das Licht selbst; jeder kam zu ihr mit seinem Kummer, in dem Gefühl, durch ihre verstehende Liebe könne sie ihn beheben. Zu ihr kamen Menschen in Krankheit und Leid; Erfolge und Freuden teilten sie mit ihr. Sie arbeitete für eine große Familie, erledigte rechtschaffen ihre täglichen Verpflichtungen; immer aber war sie entspannt, ausgeglichen und wunderbar still. Die Menschen wollten nicht glauben, daß sie selbst jemals Schwierigkeiten hätte. Sie hatten das Gefühl, an ihr sei das Leben gerade so vorübergeglitten, ihr sei nie etwas zugestoßen. Wenige nur vermochten hinter dies ruhige Äußere zu blicken und zu erkennen: ihre Ausgeglichenheit, ihre Heiterkeit, ihre Süße entsprangen ihrem Weggeleit durch Gott.

Deshalb trug sie nicht an Kümmernissen – deshalb bewahrte sie nur wenige niederdrückende Gedanken –, weil sie alles im Gebet Gott anheimstellte. Was immer ihrer Hand anvertraut wurde, vollbrachte sie sehr schön, immer zu Seiner

Ehre, um Seinetwillen. Wir hören über solche Gebetsübungen, wenn du etwas wider deinen Bruder habest, so mögest du zum Altar treten oder zu deinem Bruder gehen und dich mit ihm versöhnen, sonst dringe dein Gebet nicht durch*). Hast du etwas, das zu vergeben dich hart ankommt, oder glaubst du, etwas vergeben zu haben, kannst es aber nicht vergessen, so darfst du nicht hoffen, dein Gebet werde erhört. Denkst du ständig in Ich-Begriffen, so kannst du dich der Antwort nicht erschließen, die der himmlische Vater vielleicht senden will. Das Ich versperrt den Weg. Erst wenn wir unser Leben fortwerfen, indem wir es mit anderen teilen und für andere beten, erst dann beginnen wir, das Leben in Fülle zu finden, darin uns nach Jesu Willen vollkommene Freude bereitet ist.

Ist dir jemals der Ausruf entschlüpft: „Wie sehr wünsche ich mir eine halbe Million Dollars, um alles das zu tun, was ich für solche tun möchte, die in Not sind und denen Geld so viel helfen würde?" Lieber, nicht das, was du aus deinem Überfluß fortgibst; nicht das Fortgeben dessen, was du selbst nicht brauchst, schafft Befriedigung. Gib dich selbst, das gilt.

Der Meister fordert nicht, daß du deinen Vorrang, deinen Einfluß, dein Geld gibst, sondern – dich selbst. Du hast das Gefühl, du möchtest hingehen und Menschen helfen, indem du ihre Rechnungen bezahlst. Jesus ging aber nicht aus, Menschen zu helfen, indem Er ihre Rechnungen bezahlte. Was Er tat, war vielmehr: den Sinn der Hilfsbedürftigen so emporzurichten, daß sie von der Furcht vor Mangel von Stund an frei wurden. Vom Reichtum des himmlischen Vaters sprach Er zu ihnen. Er sprach ihnen vom Himmelsbrot und ließ sie fühlen, schöpferische Ideen könnten ihnen zu eigen werden, wenn sie sich ihnen nur erschließen würden; ja eben diese Ideen würden ihnen zum Wesentlichen verhelfen. In den Ideen liegen die Reichtümer; und diese Ideen kommen uns, wenn wir alle Furcht und Ängstlichkeit fahren und Gottes schöpferische Liebe uns durchströmen lassen, auf daß sie sich offenbare.

---

*) Im Anklang an Matth. 5,23 wohl aus dem Gedächtnis frei wiedergegeben (d. Ü.).

Unsere lieben Quäker gehen in die Gemeinden, ohne zu kritisieren, nur erfüllt von dem Wunsche zu helfen, indem sie ein Beispiel geben. Sie sprechen: „Wir verlangen einzig, daß wir alles, was wir tun können, mit euch tun dürfen, nicht von oben herab. Sondern wir kommen, um bei euch zu leben, um unsere Kenntnisse und Fertigkeiten euch zur Verfügung zu stellen, um euch zu helfen, einen Ausweg zu finden."

Das ist nicht Wohltätigkeit. Das ist Christentum. Wohltätigkeit gibt Geld oder das, was für Geld zu haben ist. Auch das bedeutet Hilfe und hat seine Stelle. Christentum aber gibt unser eigenes Selbst. Als wir vor einigen Jahren mit Quäkergruppen aus St. Louis arbeiteten, hatten wir ein Arbeitslager im Südosten des Staates Missouri unter Erntearbeitern. Sie waren in eine ausweglose wirtschaftliche Lage geraten und lebten unter elenden Bedingungen. Die Quäker bildeten eine Gruppe aus jungen Freiwilligen, viele von ihnen aus wohlhabenden Häusern, alle erfüllt von leidenschaftlichem Eifer zu dienen. Sie waren bereit, in diese Gemeinde zu gehen und einen ganzen Sommer lang unter gleichen Bedingungen zu leben wie die Erntearbeiter; bei Sonnenuntergang schlafen zu gehen, weil sie sich weder Petroleum noch Kerzen leisten konnten, und mit den anderen bei Sonnenaufgang den Arbeitstag zu beginnen.

Die Kinder dieser Landarbeiter hatten sehr wenig Spielzeug; die Jugend wünschte sich zum Flugballspiel einen Ball; für dessen Kauf konnte aber kein Geld erübrigt werden. Ein halbes Dutzend der jungen Leute, die mit der Quäkergruppe gekommen waren, wäre wohl in der Lage gewesen, zehn Bälle zu erstehen; denn sie hatten viel Geld. Doch wußten sie: das würde nicht das gleiche gewesen sein als, einen Ausweg zu ersinnen, bei dem sie als Gruppe arbeiten und das Geld zum Kaufen des Balles verdienen würden.

So zogen sie denn aus, diese gepflegten Mädel und Jungen, banden Getreide, schafften den ganzen Tag in Sonnenglut, bekamen rissige Hände, abends schmerzte der Körper vor Müdigkeit. Aber sie brachten das Geld zusammen, um gemeinsam auszugehen, das, was sie sich wünschten, zu kaufen. Es war eine Sache der Gemeinschaft; es wurde ihr Ball – gemeinsam hatten sie ihn erarbeitet, gemeinsam konnten sie sich daran freuen. Sie hatten sich selbst gegeben.

Wir werden lernen müssen, daß wir nicht allein leben können. Niemals können wir genug ersparen oder genug haben oder imstande sein, es gut genug zu verwahren, um sicher zu sein, während andere Not leiden.

Ist das eine neue Religion, oder ist es die wiedererstandene alte Religion? Haben wir nicht Silber oder Gold zu geben, so geben wir unsere Gebete. Sind aber unsere Gebete für den Notleidenden, wie so oft, mit einer Mischung aus Wohlwollen und Mitleid durchtränkt, so dürfen wir kaum hoffen, Gott selbst werde einen Ansatzpunkt ausfindig machen zur Hilfe für solch armes, jämmerliches Wesen, das so im Elend ist.

Eine ganze Versammlung mag so beten für eine arme Frau John mit ihren 5 Kindern, ihrem untauglichen Mann, ihren dürftigen Mitteln, die um jeden Pfennig hart arbeiten muß, und die nun zu Bett liegt und nicht weiter kann. So malt man ein Bild der Frau John mit all den negativen Zügen ihrer augenblicklichen Not und bittet dann, Gottes schöpferische Liebeskraft möge sich über dies Bild ergießen und der armen Frau John helfen.

Ihr Lieben, beten wir, wie Jesus betete, so müssen wir etwas von unserem eigenen Selbst in unser Gebet legen. Wir müssen schöpferisch werden.

Was wir nämlich darzubringen haben, ist unsere Weigerung, den Nachdruck auf den Augenschein zu legen. Wir müssen echtes Urteil fällen, wie Jesus es uns gelehrt hat. Von unserem Gestaltungsvermögen müssen wir Gebrauch machen, indem wir Frau John ins Licht unseres aus seiner Enge befreiten Bewußtseins heben. Dann sprechen wir:

„Da ist eine der großherzigsten, stärksten, tüchtigsten Frauen, die wir kennen. Der himmlische Vater muß sie sehr lieben, wenn er ihr so Schweres zuweist, sie hat sich darin bewährt. Sie hat ihre Last auf sich genommen, hat sie getragen und hat durchgehalten. Gerade jetzt nur braucht sie ein wenig besondere Hilfe. Was wir erbitten möchten, ist, daß ein wenig mehr Lebenskraft ihr Dasein durchströme, damit sie rasch wieder zu rechter Gesundheit und Kraft gelange. Bitte, Gott, wir wissen, du wirst uns erhören und dies jetzt für Frau John tun."

Dann laßt ihr diese reiche schöpferische Gottesliebe einströmen in das Bild dieser prächtigen Frau John und hebt sie selbst dort hinein. Das erhöhte Bewußtsein laßt in ihr wirken, das uns zu der Gesinnung emporträgt, die in Christus Jesus auch war.

Von dorther müssen wir blicken, von wo aus Er sah; nicht von dorther, woher die Welt sieht; sonst ist unser Beten verfehlt.

6. Die Psyche

Vor etwa fünfzig Jahren brachte Freud uns erste Erkenntnis unseres unterbewußten Selbst. Vorher wußten wir Menschen nicht so recht Bescheid über dies schwer Faßbare im Menschenwesen, das wir als Psyche bezeichnen.

Im griechischen Mythos ist Psyche die schöne Geliebte des Eros, des Gottes der Liebe. Wir alle kennen die Darstellung, die der Künstler von Psyche entwirft: wie sie sich über ein spiegelgleiches Wasser neigt, ihr eigen Bild zu beschauen. Mit Schmetterlingsflügeln wird sie dargestellt, die flüchtige Natur des Geistwesens anzudeuten.

Obwohl wir uns Psyche als weiblich vorstellen, ist es doch geschichtlich feststehend, daß früher einmal gelehrte Vertreter der Kirche ernsthaft die Frage erwogen: „Hat die Frau eine Seele?"

Für die meisten Menschen ist nicht nur diese Frage durchaus bejaht, sondern zu den umfangreichen Gebieten moderner Forschung gehört heutzutage auch das Studium der Psyche.

Englische Wörterbücher geben das Wort Psyche durch Seele, Geist, Sinn wieder. Das griechische Wort Psyche bedeutet in der Übersetzung Atem, Leben, Seele. In zunehmendem Maße scheinen wir dem Wort Psyche mehr die Bedeutung Geist zu geben anstatt der Bedeutung Sinn.

Wenden wir uns diesem verhältnismäßig noch wenig erschlossenen Forschungsbereich zu, der Erforschung menschlicher Empfindungen, so sollten wir versuchen, die Ausdrücke Sinn und Seele zu klären. Unter Empfindung verstehen wir eine Bewegung des Sinnes oder einen Erregungszustand des Wahrnehmungsvermögens. Sie wird auch als Gefühl bezeichnet. Da erhebt sich die Frage: Fühlen wir mit unserm Sinn?

Können wir nicht sagen – zum Zwecke leichterer Verständigung, nicht um Dogmen aufzustellen – daß der Sinn denkt, die Psyche aber fühlt? Dann wird die Seele zum Organ der Intuition.

Unter Geist pflegt man eine höhere Form von Energie zu verstehen als die Energie aus Verbrennung in der Materie. Jene Energie, die für den Physiker das materielle oder sichtbare All begründet, mag in diesem Sinne von der unendlichen Welt des Geistes einen Teil bilden.

Bezeichnen wir den Leib als Werkzeug und das Leben als den unsichtbaren Antrieb, der ihn mit Energie lädt, dürfen wir dann nicht in gleichem Sinne die Seele als das Werkzeug bezeichnen, durch das der Geist sich auswirkt? Dann wäre Geist unendliche Energie, und das, was von ihr durch die Seele des Individuums wirkt, wäre Geist des Individuums. Nur müssen wir uns stets die Tatsache vor Augen halten, daß die Seele im Leibe ist und jedes von beiden durch das andere beeinflußt wird.

In einer Hinsicht mag man sagen, unsere Empfindungen werden vervielfältigt in Sinn und Leib hinein. Diese dadurch hervorgerufene Einheit ist weit mehr als die der einzelnen Faktoren. Damit stimmt Dr. Fritz Künkel überein, wenn er in seinem Werk "In Search of Maturity"*) sagt: „Der Mensch besteht nicht aus Leib plus Geist; er ist eine Einheit, die beide umfaßt. Gleichzeitig lebt er im geistigen und im physischen Luftraum, wie er auch in Raum und Zeit lebt, ohne zerteilt zu sein in ein Raum-Zeit-Wesen."

Unser Denken erhält seine Farbe von unseren Empfindungen. Wiederum beeinflussen unsere Empfindungen plus Denken unsern Leib. Infolge der bewundernswerten Verknüpfung durch Nerven-Antriebe, die im Hirn ihren Mittelpunkt haben, wirken diese drei – Leib, Sinn und Seele – zusammen. Untersuchen wir die Wechselbeziehungen zwischen allen Aspekten menschlichen Wesens, so werden unsere früher nur dualistischen Vorstellungen von Seele und Leib zu engerer Einheit zusammengefügt.

William James definierte die Empfindung als einen „Zustand des Bewußtseins, der sich durch wahrnehmbare Ver-

*) Inzwischen in deutscher Übersetzung erschienen: „Ringen um Reife."

änderung am Leibe kundtut". Man beachte: er sagt „Zustand", nicht Tätigkeit „des Bewußtseins". Folgt daraus nicht, daß ein Zustand des Bewußtseins aus Empfindung und Denken hervorgeht? Was wir empfinden, beeinflußt unser Denken und Tun.

Unter dieser Voraussetzung müssen wir trachten unsere Empfindungen zu verstehen, und untersuchen, wie Sinn und Leib auf sie reagieren. Bei aller Vielheit und Mannigfaltigkeit der Empfindungen dürfen wir aber wohl im großen und ganzen von Empfindungen der Lust und Unlust sprechen. Wir fühlen uns wohl, wenn wir glücklich, lachend, zufrieden, sicher, geschätzt, geliebt und befriedigt sind. Wir fühlen uns schlecht, wenn wir ärgerlich, eifersüchtig, bekümmert, unzufrieden, ängstlich, von Mißtrauen umgeben, enttäuscht, verhaßt oder von Abscheu erfüllt sind.

Beide Arten von Empfindungen zeigen sich in wahrnehmbaren Veränderungen am Leibe. Ist Ärger der Zustand eures Bewußtseins, so seid ihr mit diesen Veränderungen wohl vertraut. Das Gesicht wird sehr rot oder sehr blaß, die Stimme wird laut, sehr hoch und scharf, oder die Sprache versagt vor Ärger. Alle Muskeln des Körpers werden gespannt. Fast jede unangenehme Empfindung verursacht Spannung oder Straffung der Muskeln.

Einzige Ausnahme bildet der Gram. Tiefer Gram erschöpft den Körper; denn er verbraucht mehr Lebenskraft als jede andere Empfindung. Krankheiten aus Überanstrengung entspringen in Empfindungen der Unlust; Empfindungen der Lust aber bringen genau entgegengesetzte Wirkung hervor wie die der Unlust. Sie entspannen die Muskeln und geben dem Körper Ruhe.

Starke Empfindungen bewirken mehr als nur Veränderungen im Gesichtsausdruck oder vermehrte Anspannung. Wer war als Kind nicht erschreckt beim Anblick einer Kröte einer Schlange oder eines Insekts? Wer kennt nicht Leute, die in Ohnmacht fallen oder sich erbrechen beim Anblick eines Unfalls oder beim Anblick von Blut? Wodurch wird dies alles bewirkt? Sie sind nicht magenkrank, so daß sie Brechreiz hätten. Kein Herzleiden läßt sie ohnmächtig werden. Einzig eine Empfindung äußert sich in diesen deutlich wahrnehmbaren körperlichen Veränderungen.

Verlegenheit, Schüchternheit bietet ein weiteres Beispiel für Wirkungen von Empfindungen. Sie verursacht eine Vergrößerung der Blutgefäße an Gesicht und Hals, so daß sie sich mit mehr Blut füllen können als sonst. Dadurch entsteht Erröten. Wiederum liegt keine Erkrankung des Herzens oder des Kreislaufs vor. Ursache ist eine Empfindung.

Ein drittes Beispiel bietet große Furcht. Gesunde, kräftige Männer, die im Heeresdienst einem Schock ausgesetzt werden, können plötzlich ohnmächtig werden; von Schwindel erfaßt, ja blind und außerstande sich aufrecht zu halten, wenn sie zum ersten Mal in vorderster Linie stehen. Der Herzschlag kann äußerst rasch werden, nachher erschreckend langsam. Diesen Zustand bezeichnet man als Schock. Bei diesem Beispiel ist die Reaktion so stark, daß sie an Krankheit grenzt. Dennoch hat sie mit dem Körper selbst nichts zu tun. Opfer eines Schocks können an dessen Nachwirkungen und den daraus entstehenden Komplikationen wochenlang krank sein. Aber die Ursache davon liegt rein im Gebiet der Empfindung.

Eine Häufung beunruhigender Zwischenfälle kann manche Leute äußerst nervös machen. Was stößt denn den Nerven zu? Rein gar nichts. Was ist denn nicht in Ordnung? Unangenehme Empfindungen haben den Körper in Spannung versetzt, Spannung aber bedeutet harte Arbeit; und diese erschöpft. Über Nervenzusammenbrüche und nervöse Erschöpfungs-Zustände hat ein Medizin-Professor*) wegweisende Aufschlüsse gegeben. Er nahm einige Ratten und hielt sie im Käfig. Er ließ sie gut pflegen; aber in ständiger Unruhe halten. Er reichte ihnen Futter. Aber er ließ einen Hund sich vor ihrem Käfig aufstellen, knurren und sie erschrecken, sobald sie zu fressen versuchten. Allerlei Lärm wurde absichtlich vollführt. Schwere Gegenstände ließ man mit lautem Knall auf ihren Käfig fallen, um sie zu erschrecken. Nach kurzer Zeit waren die Ratten erschöpft, obgleich sie

---

*) Dr. Hans Selye, Universität von Toronto, USA.

keinerlei Anstrengungen hinter sich hatten, nur gestört worden waren!

Blutübertragung von einer dieser Ratten auf eine gesunde löste auch bei dieser sofort Ermüdungserscheinungen aus. Der Forscher führte seine Versuche noch weiter fort. Er injizierte Blut, das einem Menschen in nervöser Erschöpfung entnommen war, dem Blutstrom einer gesunden Ratte – und deren Nerven erschlafften nach und nach völlig.

Nun haben wir die Grenze überschritten zwischen reinen Störungen im Empfindungsleben und tatsächlichen Krankheiten, bei denen wichtige Körperfunktionen ergriffen werden und Veränderungen an Geweben und Organen beginnen. Solche Veränderungen sind dennoch eher durch den seelischen Zustand bedingt als durch krankhafte Körperzustände. Die Veränderungen im Körper sind Wirkung, nicht Ursache. Sie fallen deshalb unter die Rubrik des Psychosomatischen. Angina pectoris bietet ein anderes einleuchtendes Beispiel für solche Spannungen, die der Reflex starker Empfindungen in Körpergeweben hervorruft. Die ängstliche Vorstellung wirkt in diesem Fall direkt auf die Herzkranzgefäße, die sich verkrampfen, bis vor schmerzhaftem Anfall Herz, Lungen und Atmung wie zusammengequetscht empfunden werden.

Einer der bedeutendsten Physiologen Englands*) erkannte die psychosomatische Ursache der Angina pectoris schon vor langer Zeit, als andere über die Psyche noch sehr wenig Bescheid wußten. Jahrelang litt er an Angina. Eines Morgens erklärte er seinen Kollegen: „Irgendein Schuft wird mich einmal so ärgern, daß er mich umbringt." Seiner Voraussage entsprechend starb er nach hitziger Auseinandersetzung in einer Ärzteversammlung, bei der ein junger Arzt ihn sehr aufgebracht hatte. So heftig zog sich sein Herzdurchblutungssystem zusammen, daß die Blutzufuhr zum Herzen unterbunden wurde und er in der Sitzung tot umfiel.

All diese Ausführungen mögen nun wohl von der Wirklichkeit psychosomatischer, leibseelischer Erkrankungen überzeugt haben. Ich versuche niemanden dazu zu überreden,

*) John Hunter.

daß er etwa nur dächte, er sei krank. Die Symptome sind keineswegs Einbildungen. Der Schmerz ist nicht eingebildet, sondern wirklich vorhanden. Was ich sagen möchte, ist, daß Empfindungen häufiger Ursachen zu körperlichem Übelbefinden und Krankheit sind als Veränderungen am Körper selbst.

Die Mehrzahl unserer großen Kliniken gesteht heute bis zu 75 Prozent dort behandelter Krankheiten einen psychosomatischen (leibseelischen) Ursprung zu. Mag diese Zahl angenommen, mag sie überschritten werden, zu ignorieren ist sie nicht!

In einem Vortrag an einer Universität wurden die seelischen Ursachen psychosomatischer Erkrankungen als unsere heutigen „C., D., T.'s" bezeichnet, dies bedeutete indessen weder eine Anspielung auf „delirium tremens" noch auf sonstigen alkoholischen Ursprung. Damit waren vielmehr unsere Sorgen, unsere Schwierigkeiten und Nöte gemeint.*) Der Redner**) sagte: „Wer eine so dicke, undurchlässige Schicht von Sorgen, Schwierigkeiten, Nöten hat, daß er auch nicht einmal gelegentlich hindurchdringt zum Reich des Frohsinns und der Freuden, der erkrankt leibseelisch.

Dazu brachte er die köstliche Geschichte von Sam, einem dieser Unglücklichen mit undurchdringlicher Schicht von Sorgen, Schwierigkeiten und Nöten. Ihm stellte sein Arzt und Freund noch vor seinem 60. Jahre eine ernste, leibseelische Erkrankung in Aussicht. „Und wenn's ihn packt, wird's ihn schlimm packen", meinte der Arzt und erzählte:

„Mein Freud Sam besitzt eine Farm, und was für eine schöne Farm! Vor ein paar Jahren war in unserer Gegend der Hafer besonders gut geraten. In einer der ersten Juliwochen fuhr ich an seiner Farm vorüber und dachte beim Anblick seines Haferfeldes: das müßte ihn glücklich machen! Ich hatte mich bei seinen Verwandten und Freunden umgehört, ob sie jemals ein glückliches, frohes Wort von Sam gehört hätten. Keiner hatte eines vernommen. Einzig seine Frau meinte, im ersten Jahre ihrer Ehe hätte es wohl sein

*) Im Englischen: cares, difficulties, troubles (Anm. d. Ü.).
**) Dr. John A. Schindler, Universität Wisconsin, USA.

können. Aber das war nun so lange her, daß sie dessen nicht mehr recht sicher war. So fuhr ich denn zu Sams Gehöft und rief: „Sam, das ist ein prächtiges Haferfeld!“, worauf er erwiderte: „Ja, aber vor dem Schnitt wird's der Wind umlegen.“

Ich aber behielt sein Feld im Auge. Der Schnitt war gut und der Drusch auch, und ich wußte, er bekam einen guten Preis dafür ... Als ich ihn dann einmal sah, dachte ich: „Jetzt habe ich Sam dort, wo er mir nicht mehr entwischen kann“, und fragte ihn: „Sam, wie ist dir der Hafer geraten?“, worauf er antwortete: „Nun, die Ernte war gut, und ich meine, der Preis war schon recht. Aber, weißt du, so eine Haferernte zieht sicherlich aus dem Boden auch eine hübsche Menge Kraft heraus ...“

So eingefleischtes negatives Denken wie bei Sam können nur Kräfte des Gebets und des Glaubens entwurzeln.

Auch bei ernsteren organischen Leiden bietet uns die Religion Hilfe. Begib dich auf Entdeckungsreisen und probe es nur einen einzigen Tag aus – daheim, im Amt oder Geschäft. Steh verdrossen und mürrisch mit dem linken Fuß zuerst auf. Tue dir selbst furchtbar leid. Sage dir: Es gibt keine Gerechtigkeit. Keinem geht's so schlecht wie mir. Die ganze Welt ist gegen mich verschworen; und, wenn es einen Gott geben sollte, so habe ich nicht die Ehre, mit ihm bekannt gemacht worden zu sein!

Bleibst du den Tag über in solcher Verfassung, dann wandelt sich das trübe Dämmern gegen Mittag in undurchdringlichen Nebel, der jeden einhüllt, der mit dir in Berührung kommt. Nicht einmal eine Tasse Kaffee mittags vertreibt ihn. Das Essen schmeckt nicht, weil der Hunger fehlt. Am Schluß des Tages bist du erschöpft, und der Körper fühlt sich wie nach einer Woche irgendwelcher schweren Krankheit. Leicht finden Bazillen Zugang in den Organismus, und Störungen körperlicher Funktionen schaffen Unbehagen. Aber am nächsten Tage wirf das Steuer herum. Beginne den Tag mit Gebet. Nimm dir fünf Minuten der Stille, um alle Segnungen durchzudenken, die du erfahren hast, und dem Vater im Himmel dafür Dank zu sagen. Mag es auch draußen regnen, laß in dir die Sonne strahlen. Scheinen andere ringsum niedergeschlagen, so gedenke deiner eigenen Stimmung von gestern und antworte mit einem Lächeln. Berge von Arbeit mögen sich vor dir türmen. Du aber reibst dir fröhlich die Hände und freust dich heut, daß du eine gute Tätigkeit hast, der du ein fähiges Hirn und ein Paar arbeitswillige Hände widmen kannst.

Deine gute Stimmung steckt an. Sie breitet sich aus. Sie zieht andere zu dir, anstatt sie von dir fortzutreiben. Unter Lachen und Scherzen schmeckt das Mittagessen. Abends ist die Welt recht erträglich geworden. Du bist überzeugt, Gott ist im Himmel; und mit dir ist alles in Ordnung. Der Körper entspannt sich, und der Schlaf ist ungestört.

Der erste dieser beiden Tage zeigt das negative, das erfolglose Leben. Der zweite zeigt das positive, erfüllte Leben. Jedem von uns ist die Wahl freigestellt. Weil Gott uns Willensfreiheit gab, deshalb können wir das nehmen, was wir wählen. Behalten wir aber im Sinn: auch Gott kann uns nicht zuwenden, was anzunehmen wir ablehnen.

Es sind gar nicht die großen Verkehrtheiten, Negationen, die uns hemmen, es sind die geringen. Keiner, der ständig bremst, darf hoffen Wesentliches zu vollbringen. Jeder aber könnte doch in einer Sache tüchtig sein! Wie kläglich klingt es, hört man immer und immer wieder reife Frauen und Männer sagen: „Anscheinend kann ich nirgends zu rechter Zeit hinkommen." Dabei hindert sie nichts als ihre eigene Saumseligkeit, ihr Mangel an Straffheit. Ausreden zur eigenen Entschuldigung wie: „Ja, hätte ich studieren können wie Hans", oder: „Wäre ich so gesund und voll Lebenskraft wie Maria", hört man täglich in allen Kreisen. Das alles sind Klagen über eine „verdorrte Hand" – in Wahrheit Alibis, Entschuldigungen dafür, daß man das Höchste im Leben nicht erreicht hat.

Jesus Christus wandte eine positive Kur gegen solche geringen negativen Übel an. Er sprach: „Strecke deine Hand aus!" Folgen wir Seinem Befehl. Dann rührt Er an das, was nur immer in uns einer „verdorrten Hand“ entspricht; und Er macht es gesund. Unsere Bewegung des Vorwärtsstreckens muß vorangegangen sein, bevor die Zaubermacht Seiner Berührung wirksam zu werden vermag. Unsere Fähigkeit zu vertrauen müssen wir Ihm entgegenstrecken. Was wir haben an Körperkraft, Bildung und Ausrüstung, das müssen wir zusammenraffen. Damit müssen wir alles tun, was wir irgend können. Die verdorrte Hand hilflos im Schoß liegen zu lassen, – während wir darauf warten, Jesus werde danach greifen und sie durch Seine Berührung zum Leben erwecken, – das würde kein Wunder herbeiführen. „Strecke deine Hand aus“, diese Bewegung ist Zeichen der Reife. Das Kind muß geleitet, der Schwache muß gestützt werden.

Einzig der in strenger Schulung Geübte vermag ohne Hilfe schwerstes Wagnis*) erfolgreich zu Ende zu bringen.

*) Der englische Text bringt ein Zitat, das amerikanischen Lesern vertraut ist als Überschrift des weitbekannten Essays von Albert Hubbard (1856–1915): “Carry the Message to Garcia.” (d.Ü.)

7. Lebensrhythmus*)

Wie leicht ist es, im Windeswehen und Regenrauschen oder auf sonnigen Frühlingswiesen den göttlichen Rhythmus des Lebens, der das Weltall durchflutet, auch in uns selber bewußt zu fühlen.

Freilich sollte es in etwas anderem Sinne ebenso leicht, ja noch leichter für uns sein, dieses Leben da zu spüren, wo die Menschen die von Gott gegebenen Energien einspannen in ihre Arbeit: beim Anblick all der durch Dampf und Kohle erzeugten Wunderwerke und der von Wasserkraft und Elektrizität vollbrachten Leistungen, mit denen die Räder der Wirtschaft und Technik angetrieben werden.

Allenthalben sind wir Zeugen einer gewaltigen Energie außerhalb unser selbst, die doch zugleich ein Teil der Lebensenergie unseres eigenen Innern ist.

Manchen Menschen flößen diese Riesenkräfte Furcht ein, und sie rufen Gott an, Er möge sie vor Ihm selber schützen. Aber die großen Seher haben in diesen Kräften immer etwas von Gott Kommendes erblickt; statt sie zu fürchten, haben sie sich ihnen gleichgerichtet und mit ihnen zusammengewirkt. Und ihre intuitive Erkenntnis ist weitergedrungen zu den Mathematikern, durch deren Berechnungen jene Kräfte erst praktisch verwertbar wurden. Wir können diese Energien im einen oder andern Sinne ansehen: entweder, wie so viele es tun, als Widersacher, die man bekämpfen und erobern muß – oder als schöpferische Lebenswerte. Wenn wir uns ganz auf sie einstimmen, werden wir mitschwingen im Rhythmus ihrer Bewegungen und an ihrer Kraft teilhaben.

Der Verfasser der Offenbarung Johannis sah die heilige Stadt „von Gott aus dem Himmel herabfahren". Ein Strom wurde ihm gezeigt, in dem das Wasser des Lebens kristallklar von Gottes Thron herniederfloß. „Auf beiden Seiten des

*) Übersetzt von Therese Herzog.

Stromes stand Holz des Lebens, und die Blätter des Holzes dienten zur Gesundheit der Völker."

„An keiner Stelle kannst du diesen Strom berühren", sagt Glenn Clark, „ohne Gott zu finden. An welcher Stelle auch immer du dich der unaufhaltsamen Strömung überlässest, wirst du Heilung erlangen. Ununterbrochen, ewig, ohne Unterlaß fließt das Wasser dahin. Selbst wenn du nicht hineintauchst, strömt es weiter. Immerwährend entspringt der Strom dem Herzen Gottes, fließt durch die Menschenherzen und kehrt zurück zu Seinem Herzen. Schon bei der bloßen Berührung rühren wir an das Leben, und wenn wir hineintauchen, dann erleben wir, was Paulus sagen wollte mit den Worten: ‚Betet ohne Unterlaß'."

Das ganze Weltall durchfließt ein Rhythmus, in dem wir das Herz Gottes selber schlagen hören. Ein mächtiger, ununterbrochen dahinrauschender Lebensstrom reißt uns mit, sobald wir den Rhythmus gefunden und uns auf ihn eingestimmt haben. Je mehr wir uns selber in den Dienst der andern stellen, desto tiefer tauchen wir unter in dem allgemeinen Leben, dem wir angehören. Wir entdecken, daß wir weniger Körperkraft verbrauchen, wenn wir uns im Dienst der Nächstenliebe ausgeben, als wenn zwiespältige, einander widerstreitende Regungen uns beherrschen.

Geben wir negativen Gedanken und Gefühlen Raum, dann fällt ein eiserner Vorhang herunter zwischen uns und dem sich neu für uns aufbauenden Leben. Alle positiven, von Einklang erfüllten Worte laden unsern Körper mit neuer Energie auf, indem wir sie aussprechen. Und nicht nur das! Wir schaffen damit eine Influenzsphäre, die auf uns zurückwirkt und uns mit Energiestrahlungen umgibt.

Auf diese Weise in das Ganze der Welt eingesenkt, so wie Jesus Christus es von sich wußte, sind wir abgestimmt auf den Rhythmus des Alls. Wir berühren hier den Ursprung einer höher schwingenden Energie, als sie der Körper bei der Verbrennungswärme entwickelt. Die Orientalen nennen sie „Prana", den göttlichen Odem. Prana, d. h. Lebenskraft, ist, wie sie sagen, unendlich viel feiner als unsere atmosphärische Luft. Man könnte hier von Seelenatem sprechen.

Wenn wir still sind und völlig vertrauend, wird er uns eingehaucht und erneuert unsere Kraft, bis wir erfahren, was es heißt: „Laufen und nicht matt werden; wandeln und nicht müde werden."

Selbstverständlich werden wir immer die natürliche körperliche Müdigkeit empfinden, die sich durch die Nachtruhe wieder ausgleicht. Aber die schweren Erschöpfungszustände, die durch Untergrabung unserer Lebenskraft entstehen, sind nicht nötig. Es gehört sehr wenig Energie, sehr wenig Anstrengung zu einer selbstlosen Liebestätigkeit; sehr viel Spannkraft dagegen, wenn wir in innerem Zwiespalt leben. Nähren wir Gefühle des Grolls oder Hasses oder Widerwillens in uns, dann verbrauchen wir gewaltige Mengen von Energie, weil wir gegen den Strom des Lebens zu schwimmen versuchen.

Bei diesem Kampf wird unsere Kraft bald erschöpft. Wechseln wir aber die Richtung und schwimmen *mit* dem Strom, so kommen wir mit der halben Anstrengung doppelt so weit. Wer sich einer gegebenen Lage widersetzt und im Herzen unversöhnt und bitter bleibt, ist meist bald am Ende seiner Kräfte. Alle Gefühle negativer Art – Enttäuschung, Kummer über vermeintliche Ungerechtigkeit oder über zerstörte Pläne, Neid oder Eifersucht: all diese Affekte setzen den Blutdruck herunter und untergraben unsere Lebensernergie. Menschen, die längere Zeit hindurch solche Gefühle mit sich schleppen, kommen sich nur noch halb lebendig vor. Sie haben keine Freude mehr am Dasein, und ihr Körper verliert die feineren Schwingungen, die den Blutstrom frischer durch die Adern treiben.

Im ersten Buch der Bibel wird uns eine Geschichte erzählt, die die meisten heute nur noch belächeln.

Man glaubt nicht mehr im Ernst an den dort geschilderten herrlichen Garten, in dem Ruhe und Schönheit, Einklang und Frieden herrschen; an ein Paradies, in dem man nichts von Leiden weiß, wo niemand im Schweiß seines Angesichts arbeiten muß. Merkwürdig, wie das alles dem Himmelreich auf Erden zu gleichen scheint, das Jesus uns nach Seiner Aussage bringen wollte.

Heute wird diese Vorstellung stärker durch die Naturwissenschaft gestützt als durch die Religion. Die Physiker berichten uns, daß die konstruktive Anwendung der Atomspaltung dem Menschen alle schwere körperliche Arbeit ersparen könnte. Aber bis jetzt haben sie noch nichts erfunden, um uns von Leid und Streit zu erlösen.

Man weiß, daß sich in dem Garten folgende Weisung befand: „In der Mitte des Gartens steht ein Baum, von dem ihr nach Herzenslust essen dürft. Es ist der Lebensbaum. Nehmt und eßt von seinen Früchten, soviel ihr wollt. Aber es gibt hier noch einen andern Baum, von dem ihr nicht essen dürft: das ist der Baum der Erkenntnis des Guten und Bösen. Wenn ihr von seinen Früchten kostet, seid ihr in Todesgefahr."

Dann erschien die Schlange. Nicht immer ist die Schlange das Sinnbild des Bösen; in dieser alten Geschichte stellt sie das sophistische Denken dar. Mit Klugheit und List überredet sie Eva: „Ihr werdet keineswegs sterben. Greif nur zu und iß; es droht euch nicht der wahre Tod." So aßen sie von der Frucht des verbotenen Baums und lernten das Böse erkennen. In ihr Bewußtsein nahmen sie den Glauben an zwei entgegengesetzte Mächte auf. Und die Schlange hatte ganz recht: sie starben wirklich nicht. Aber es entstand ein Zwiespalt in ihrer Seele; auch sie waren nur noch halb lebendig – wie alle, die mit der Hälfte ihres Daseins auf der negativen Seite stehen.

Denn das Böse ist das Verneinende, das Minuszeichen des Lebens. Wir sollen es nicht berühren und nichts davon in uns einlassen. Sobald wir das tun, geht uns etwas verloren – die frohe, ruhige Gelassenheit, die jeden unserer Tage beschwingt, und der Glanz und die Schönheit des Daseins. Es ist ein leichter Fall von Schizophrenie, das heißt von Bewußtseinsspaltung.

„Der Herr, Dein Gott, ist ein einiger Gott. Du sollst keine andern Götter haben neben Ihm." Wir halten uns für ein monotheistisches Volk, denn wir glauben ja an *einen* Gott. Aber in unserm Denken und Tun, in unseren täglichen Gesprächen, selbst in manchen unserer geistlichen Lieder steht uns das Böse immer noch als eine Wesenheit vor Augen, mit der wir zu rechnen haben, der wir Widerstand leisten müssen.

Wenn wir an eine Macht glauben, die uns dem Guten zu entreißen vermag, also stärker als Gott ist, sind wir nicht frei. Nach Jesu eigenen Worten war Er gekommen, uns frei zu machen, frei von dem Glauben, daß das Böse Gewalt über uns habe. Er hat nicht die Existenz des Bösen geleugnet, sondern einfach gesagt: Widersteht ihm nicht. Aber solange wir daran glauben, daß es eine eigenständige Kraft sei, nicht viel geringer als die Kraft des Guten – die Kraft Gottes –, müssen wir ihm ja widerstehen. Es bleibt für uns der Gegenpol des Guten, der uns stets bedroht. Für unsere Einstellung dem Bösen gegenüber brauchen wir die allgemein üblichen Ausdrücke: wir kämpfen und ringen mit ihm, wir leisten ihm Widerstand, wir versuchen, es zu besiegen oder zu unterdrücken, – und so wird unser Leben zu einem unausgesetzten Kampf, in dem wir keinen Frieden finden.

Das Böse *ist* da. Wir leugnen das nicht. Wir leugnen nur seine Macht. Es braucht sich nicht vor uns zu erheben wie eine dicke Mauer, gegen die wir vergeblich anrennen. Schauen wir es so an, dann müssen wir auch an das Schicksal, den Zufall und das blinde Glück glauben, und dann haben wir den Teufel in uns eingelassen. Wir verlieren den Mut und meinen, all unser Bemühen sei vergebens, weil wir mit dieser Macht nicht fertig werden. Und wir sind gar nicht so sicher, ob Gott selbst ohne weiteres mit ihr fertig wird!

In Merrybrook wurde uns einmal die Frage gestellt: „Glauben Sie wirklich, daß es menschenmöglich ist, auch nur vierundzwanzig Stunden lang keinerlei negative Gedanken oder Gefühle in uns aufkommen zu lassen?“ Es ist die ganze Menschheit, die hinter dieser Frage steht. Ist es möglich, so zu leben? Aus der Tiefe des Herzens steigen solche Zweifel auf.

Manche werden sogar so weit gehen, sich zu fragen: „*Will* ich denn überhaupt so überirdisch gut sein?“ In diesem leisen Zweifel schwingt das sonderbare Empfinden mit, daß wir allzu vollkommen werden könnten. Ich sage nicht, daß irgendein Mensch dies Ideal erreichen oder auch nur ihm nahe kommen könnte. Aber wir glauben durchaus, daß es möglich ist, sonst hätte es wenig Zweck, sich darum zu bemühen.

Persönlich möchte ich bekennen, daß ich mich noch sehr weit entfernt vom Ziel weiß; und doch wird es mir im Verlauf der Jahre immer klarer, daß der ständige tägliche Umgang mit Jesus mich dem Ziel immer näher bringt, dem ich mit Ernst und Eifer und von ganzem Herzen nachstrebe. Nur wenn ich zurückschaue und mir das schon Erreichte klarmache, finde ich den Mut weiterzuschreiten. Und das gilt wahrscheinlich auch für alle andern Suchenden.

„Das Reich Gottes ist *in* euch", hat Jesus gesagt. Es ist mit dir geboren. Es ist immer da. Was wir versuchen, ist das Sichtbarmachen jenes vollkommenen Ich, selbst wenn in der äußeren Welt alles uns daran hindern will. Hier wird der Kampf ausgefochten, nicht zwischen Gut und Böse, sondern gegen Meinungen, Gewohnheiten, Vorstellungen und persönliche Reaktionen, die wir zu überwinden suchen.

Das würde uns nicht gelingen auf irgendeiner fernen, einsamen Insel. Dann wäre es ja kein Überwinden, sondern eine Flucht vor dem Leben. Mitten im Leben müssen wir den Versuch wagen, mitten im Hasten und Treiben der Welt. Da, wo die menschliche Schwäche am größten ist, wollen wir sie in der Kraft Gottes besiegen.

Wir brauchen freilich die innere Einkehr zur stillen Besinnung, Versenkung und Betrachtung. Immer wieder müssen wir im Gebet die Kraft und Harmonie der Seele neu erringen, um mit der unendlichen Kraft in Verbindung zu kommen und unser tieferes, unser vollkommenes Selbst wiederzufinden. Aber dann müssen wir zurückkehren, um das erneuerte Selbst im Leben zu bewähren und es im Licht des Tages wirken zu lassen. Das ist unser Echo auf den Pulsschlag des Weltalls: die Zusammenziehung und Wiederausdehnung des Herzmuskels, das Ein- und Ausströmen, Reinigen und Ernähren, Nehmen und Geben. Wir atmen den Odem Gottes in unsere Seele ein und hauchen ihn wieder aus in die Welt. Wir müssen an das im Kern des Alls verborgene Entwicklungsgesetz glauben, das allem Lebendigen zugrunde liegt, so wie etwa die Form des Eichbaums schon unsichtbar in der Eichel vorgebildet ist.

Befreit von den Fesseln alles Negativen, das unserm niederen Ich angehört, finden wir den Weg zurück zum Garten Eden, der kein Phantasiegebilde, kein fernes, unerreichbares Land ist, sondern Wirklichkeit. Den Eingang entdecken wir wieder, wenn wir die Senkrechte gefunden haben, die durch die Minuszeichen unseres Lebens hindurchstößt und sie in Pluszeichen verwandelt. Diese Senkrechte ist der Logos – das Wort der Wahrheit. Fortan können wir im großen Rhythmus der Schöpfung mitschwingen und unser Ich in einem höheren Bewußtseinszustand verlieren, der uns über alles Verneinende erhebt und uns dem Leben wiedergibt.

Das ist die Botschaft der Religion, die Botschaft Jesu Christi. Das Kreuz des Leidens, an dem Jesus starb, verwandelt sie in Lebensfreude. Auch diese behält die Kreuzesform bei. Denn auch um dies Kreuz der Freude zu finden, müssen wir leiden. Christus hat gelitten; Er wollte, daß sein Liebesopfer für alle Zeiten Gültigkeit haben sollte. Niemals wieder sollte es heißen, daß keiner soviel Liebe zur Menschheit habe, um sein eigenes Leben für sie zum Opfer zu bringen. Daß es solche Liebe gibt, hat Er bewiesen.

Er hätte sich retten können. Wieder und wieder hat Er erklärt, daß sich auf seinen Ruf zwanzig Legionen Engel um ihn scharen würden. Es hätte Ihn niemand auch nur anrühren können, wenn Er selbst es nicht gewollt hätte. Wird uns doch berichtet, daß Er einmal, als die Menge Ihm folgte, plötzlich ihren Augen entschwunden war und dann am andern Seeufer wiedererschien.

Jesus wählte den Tod, um den Menschen vor Augen zu führen, welcher Preis für eine negative Haltung zum Leben zu bezahlen ist. Das Minuszeichen bedeutet den Tod, das Pluszeichen die Liebe, – eine Liebe, die so weit gehen kann, daß sie den Tod erwählt, um den Menschen größere Fülle des Lebens zu bringen. Seitdem sind Jahrhunderte vergangen, und noch heute hören wir Seine mahnende, flehende

Bitte, uns untereinander zu lieben, so wie der Vater Ihn liebte, und wie Er uns geliebt hat.

In der Kraft der göttlichen Liebe liegt etwas, das wir bis jetzt noch nicht verstanden oder ergriffen haben. Denn diese Art der Liebe ist eine Macht, die sich jeder Nachahmung entzieht.

Die göttliche Liebe vermag, was sonst nichts auf der Welt vermag: sie kann alles von Grund auf umwandeln. Sie allein ist das Element, nach dem die Alchemisten forschten, um alle unedlen Metalle in Gold verwandeln zu können. Sie kann das Suchen und Verlangen jedes Menschen völlig verändern. Diese wunderbare Eigenschaft besitzt die Liebe, die ganz frei von sich selber ist: sie schlägt niemals zurück, sie widersteht nicht, sie sucht nicht zu herrschen, sie rechtfertigt sich nicht, wendet niemals Gewalt an und vergilt nicht Böses mit Bösem.

Solch überpersönliche heilige Liebe hat magische Kraft – sie bemächtigt sich aller niederen Gefühle und wandelt sie um in ihr eigenes Wesen.

Wenn wir also in der Liebe Gottes bleiben, von ihr erfüllt und umschlossen; wenn all unser Denken und Trachten nur Liebe ist, dann kann nichts an uns herankommen. Nichts kann uns berühren oder schaden; nichts kann uns wehtun, wenn wir es nicht selbst wollen.

Ganz gleich, ob wir die „Pfeile und Schleudern des wütenden Geschicks erdulden"*), ob wir durch Höllenqualen gehen müssen oder die schlimmsten Dinge zu uns oder über uns gesagt werden; – wenn wir sie von der Liebe Gottes in uns durchdringen lassen, werden sie diese beschützende Liebe nur noch verstärken. Denn darin besteht ja die Verwandlung: wir werden gewiß, daß weder Geschütze noch Bomben noch irgendeine Gewalttat die Kraft besitzt, uns zu vernichten.

Sind wir einmal überzeugt, daß es nur *eine* wirkliche Macht gibt; daß Gott Leben und Liebe, Weisheit und Licht ist, und

---

*) Zitat nach Shakespeares „Hamlet" (übers. v. Schlegel-Tieck). Aus dem berühmten Monolog „Sein oder Nichtsein", Akt III. (Anmerkung d. Ü.)

daß alles, was dahinter zurückbleibt, als Veränderung und Entstellung des Urbildes anzusehen ist, dann können wir hoffnungsvoll weiterschreiten und die frohe Botschaft ausbreiten. Wissen wir doch, daß es nichts gibt, das nicht geordnet und geheilt werden könnte, wenn wir nur unseren Sinn der vollkommenen Ordnung des Weltalls öffnen. Dann wissen wir, daß keine andere Macht sich dieser Ordnung entgegenstellen kann, weil die Liebe die Macht aller Mächte ist. Wir wissen, daß wir jene Stimme, die durch die Jahrhunderte zu uns herüberklingt, nicht nur hören, sondern ihr auch gehorchen sollen.

„Ein neues Gebot gebe Ich euch, daß ihr euch untereinander liebet!"

8. Menschenleid

Das Entwicklungsdrama, das sich im Menschenleben vollzieht, hängt von der Persönlichkeit als bestimmendem Faktor ab. Das fühlte der Denker*), der den beachtenswerten Ausdruck gebrauchte vom „Geist unendlicher Bejahung, den die menschliche Persönlichkeit in sich aufnehmen muß".

Im Laufe der Jahre, während deren ich der Befreiung des Bewußtseins aus seiner Enge nachforschte, brachte mein Suchen mich zu der Überzeugung: Nur ein erhöhtes Bewußtsein vermöge den Geist unendlicher Bejahung in sich aufzunehmen.

Jeder von uns ersehnt ein Mehr an Leben. In unserem eigenen Innern möchten wir lebendiger werden. Größere Fähigkeiten wünschen wir uns, um alles das zu genießen, was das Leben für uns bereit hält.

Solcher Befreiung entspringt eine wachsende Aufnahmefähigkeit. Sie setzt uns instand, die Wahrheit zu entdecken hinter den Tatsachen, die unsere Sinne uns zeigen. Eine von den Sinnen gezeigte Tatsache wird nicht geleugnet, aber wir müssen die ihr zugrunde liegende Wahrheit erschauen. Wir müssen lernen, unser Urteil nicht nach dem Augenschein zu bilden, sondern durch, hinter und über die äußere Erscheinung hinauszublicken, um die ungesehenen Wahrheiten zu entdecken.

Im Geiste ist eine jede Wahrheit bereits vorhanden. Ja, mehr noch, sie ist bereits enthüllt für den, dessen Bewußtsein zu der Stufe erhoben ist, auf der er sie wahrnehmen kann. Diese Wahrheit erkennen, bedeutet, sich selbst zu ihr emporheben; sie für einen anderen erkennen, bedeutet, ihn zu ihr emporheben. Die Fähigkeit des Erkennens wird so auf die Stufe der Wirklichkeit gehoben. Befreiung in das Gottesbewußtsein hinein läßt uns nicht nur dem eigenen Leid, son-

*) Thomas Troward.

dern allem Leid schöpferisch gegenüberstehen. So werden wir zu Mitarbeitern Gottes in schöpferischen Ideen, die Seinen Kindern hilfreich sind. Allmählich werden wir in unserer Entwicklung auf die Stufe gelangen, auf der wir Gott für unser Leid zu danken vermögen; keineswegs im Geiste der Resignation oder tatenloser Ergebung, wohl aber im Geiste tätigen Zusammenwirkens.

Die Vorstellung, für Mühsal dankbar zu sein, mag dir zuerst äußerst lächerlich sein, insbesondere die, dankbar zu sein für Schmerzen. Als ich die qualvollen Schmerzen der Arthritis durchlitt, kam es mir fast lachhaft vor, zu sagen, ich sei dankbar für diese Erfahrung. Doch mußte ich erst zu Gott sprechen können: „Jedes Maß von Schmerz will ich fröhlich tragen, lehrest Du mich nur das, was ich daraus lernen soll"; erst dann konnte ich anfangen, das erhöhte Bewußtsein zu erstreben, in dem ein Leben im Überpersönlichen möglich war. Dann erst war ich zur Einsicht fähig. Mein Ja-Sagen zum Schmerz hatte mich zum Erklimmen einer Stufe befähigt, auf der ich erkennen konnte: mein Leiden brauchte nicht vergeblich zu sein; „aus all meinem Schmerz konnte mir Gutes erwachsen".

In Schmerzen verbrachte eine Katharina Mansfield den größten Teil ihres Lebens. Doch konnte dies ihr Leben nicht mehr stören, seit sie den Schmerz als einen unveräußerlichen Bestandteil ihres Daseins bejahte, der dann freilich dem Strom von Ideen aus ihrer schöpferischen Mitte die Bahn offenhielt. Hat sie auch niemals das Geheimnis körperlicher Heilung für ihren Leib entdeckt, so lernte sie doch den Wert des Leidens erkennen*). Leiden trägt Lohn.

*) Anmerkung d. Ü.: Briefe der vielgelesenen englischen Schriftstellerin Katharine Mansfield (1888–1923) sind posthum von ihrem Gatten veröffentlicht worden. Ein Brief von 1921 enthält die hierher gehörenden Sätze: „Ich will nicht sterben, ohne ein Zeugnis meines Glaubens, daß Leiden überwunden werden kann, zu hinterlassen. Denn ich bin überzeugt davon. Was sollen wir tun? Es handelt sich nicht darum, darüber hinwegzukommen, das wäre falsch.

Wir müssen uns ihm unterziehen. Nicht widerstreben. Uns überwältigen lassen. Es voll annehmen. Es zum Teil unseres Lebens machen. Alles, was wir wirklich in unser Leben aufnehmen, wandelt

Das Leben kann erstaunlich frei werden von kleinlicher Langeweile für den, der das Dasein in Schmerzen bejaht und es zu nutzen weiß. Dennoch besteht auch eine echte Versuchung darin, nicht alles Menschenmögliche zur Gesundung zu unternehmen, um jener Entlastung nicht verlustig zu gehen, die halbes Siechtum oft gewährt. Jedoch vermag das gleiche schöpferische Leben, das einen Menschen, ob Mann oder Frau, durchströmt, um eine Symphonie in Worten, Klängen oder Farben hervorzubringen, am gleichen Leibe eine Symphonie strahlender Gesundheit hervorzubringen, wenn diese heilende Macht erkannt und anerkannt wird.

Unser Ziel ist nicht, dem Leiden zu entgehen. Unser Ziel ist, am Leiden zu wachsen im Blick auf ein erstrebtes Ziel, im Bewußtsein davon, daß wir fortfahren werden zu leiden, bis dies Ziel erreicht ist.

Als Befreiung des Bewußtseins aus seiner Enge bezeichnet Gerald Heard dies Ziel. C. G. Jung schreibt davon als von Integration der Persönlichkeit. Paulus spricht von Gliedschaft am mystischen Leibe Christi. Für Walt Whitman war es die große Gemeinschaft; für Emerson die Berührung mit der Über-Seele. Auf „eine unsichtbare Ordnung" bezieht sich William James, uns ihr „harmonisch einzufügen, sei unser höchstes Gut".

Im Sachbewußtsein nehmen wir Dinge der Außenwelt, Objekte, durch unsere fünf körperlichen Sinne wahr. Im Selbst-Bewußtsein, im subjektiven Bewußtsein, nehmen wir Dinge wahr, die genau so wirklich sind, aber nicht von den körperlichen Sinnen erfaßt werden. In einem Bewußtsein, das aus seiner Enge befreit ist, erstrecken wir unser Wirken über beide Bereiche. Klarer erkennen wir die Dinge um uns her;

---

sich. So muß Leiden zu Liebe werden. Das ist das Geheimnis. Das ist es, was ich zu tun habe. Ich muß vom persönlichen Lieben zu größerer Liebe gelangen. Was ich dem einen gab, muß ich dem ganzen Leben zuwenden ... Schmerz hält nicht ewig an. Das Leben ist ein Geheimnis. „Schmerz wird sich wandeln in Freude." Es kommt darauf an, sich noch vollkommener zu verlieren, noch tiefer zu lieben, sich als Teil des Lebens zu fühlen – nicht abgelöst. O Leben, nimm mich hin – mache mich würdig – lehre mich!

(Übersetzung von Ina Seidel.)

denn wir betrachten sie sowohl von innen wie von außen. Wir sehen alle Dinge, aber wir blicken auf sie von innen her.

Wie wir schon angedeutet haben, ist Befreiung des Bewußtseins ein Emporstreben zu kosmischem Bewußtsein, zum Gottesbewußtsein. In der Menschheitsentwicklung ist dies der nächste große Schritt. Weil er kosmischen Ausmaßen nahekommt, erhebt er uns zur Erkenntnis unserer Fähigkeit, lebendig mitzuwirken an dem großen Drama, das sich abspielt. Führende Gelehrte unter unseren Physikern weisen hin auf eine weite, unsichtbare Welt der Kraft hinter der materiellen, sichtbaren Welt des Stoffes. Sie nennen sie kosmische Intelligenz oder kosmisches Bewußtsein. Das sind die Bezeichnungen von Eddington und Jeans. Vielleicht ist der Ausdruck Bewußtsein zutreffender als der Ausdruck Intelligenz; denn durch den Intellekt können wir zwar eine Wahrheit erfassen, doch ohne uns ihrer so klar bewußt zu sein, daß sie in unserem täglichen Leben Gestalt gewinnt. Viele von uns glauben an Gott. Mindestens wissen wir, wir würden Sein Dasein nicht leugnen. Stehen wir aber dem Unglück, der Krankheit, der Unfähigkeit gegenüber, dann reagieren wir unbewußt so, als glaubten wir nicht an Ihn und Seine Güte. Einem Mißgeschick begegnen wir zu oft mit Widerstreben und Auflehnung, anstatt daß wir es annehmen, den Blick darauf richten und zu erkennen versuchen, welche Gelegenheiten zum Wachstum es bietet.

Wirken wir zusammen mit solcher Erfahrung, so hilft uns dies dazu, einer höheren Stufe des Daseins innezuwerden; jener Stufe, von der Jesus uns zusicherte, wir könnten sie erreichen. Nicht das, was uns zustößt, sondern unsere Reaktion auf das, was uns zustößt, bestimmt seine Wirkung auf uns. Aus jeder Erfahrung folgt weithin das, was wir daraus folgern wollen. Die Kraft, mit der wir sie uns zu eigen machen, entspricht der Kraft unserer Hingabe. Als Paulus und Silas ins Gefängnis geworfen waren, nutzten sie diese Not als Gunst; und keine Kerkermauern konnten ihnen wehren Gottes Lob zu singen.

Der Aufschrei des niederen Ich heißt: „Warum muß mir das zustoßen?" „Was habe ich begangen, um dies zu verdienen?" Das reife Selbst begegnet dem Geschehnis mit der

Frage: „Welche Lehre birgt diese Erfahrung für mich? Wie kann ich sie nutzen und daraus lernen?" Ein unausgereiftes Ich macht sich nicht klar, wie lächerlich eine solche Annahme wäre, die Macht des Unendlichen werde sich herablassen, um einem Einzelnen Leid zuzufügen! In solchen Vorstellungen bewegt sich nur ein unterentwickeltes Ich.

Dr. Künkel gibt den Begriff des „Gerechten" wieder als „Gereiften", der dem Willen Gottes entsprechend lebt; und den Barmherzigen als den „Gereiften des Herzens". Befreien wir unser Selbstbewußtsein aus seiner Enge zur Weite kosmischen Bewußtseins, so wirken wir im Einklang mit einer jeden Erfahrung, die uns nur immer begegnen könnte. Durch unser eigenes Leid reifen wir zu äußerster Feinfühligkeit für das Leid anderer. So rühren wir an Gottes Barmherzigkeit und an Sein schöpferisches Lieben. Die Liebe Jesu Christi, verbunden mit klarerem Verständnis Seiner Lehren, sind Zaubermittel, die helfen können, unser Leid umzuwandeln in Schöpferkraft und Freiheit. Der Intellekt sieht nur Ursache und Wirkung. Über beide hinaus aber erschaut der Geist Schöpferkraft und die Freiheit, die aus jeder von beiden zu gewinnen ist.

Die Sünde, die nicht vergeben werden könne, so hören wir, sei die Sünde wider den Heiligen Geist. Worin besteht diese Sünde? Besteht sie vielleicht in unserer Weigerung, unsere geistige Entwicklung zu bejahen und mit ihr alle Gelegenheiten, über die Ich-Betontheit hinauszuwachsen zu schöpferischem Wirken nach Gottes Willen?

So lesen wir*):

„Den Weg zur Liebe für den Nebenmenschen kann nur Demut im Hinblick auf das eigne Ich erschließen. Duldsam gegen den anderen macht uns das Bewußtsein unserer eignen Schwäche. Bedeutet doch jeder Augenblick reinen Bewußtseins eine Art von Tod.

Es stirbt das Ich als Sonderwesen. Es lebt als vollkommene Einheit. Gibt es sich dem Tode hin, der im Leben ist, so wird ihm das Leben zuteil, das auch im Tode ist; und es

*) Bei Hugh Fausset, Prüfung der Psyche ("Proving the Psyche").

wird ihm zuteil nicht bei getrübtem Auffassungsvermögen oder in einer Art von Betäubung der Sinne, vielmehr in gesteigertem Erfassen der Wirklichkeit."

Des Menschen Emporstreben ist das statische Kraftfeld, das Gottes Macht zu ihm niederzieht, worauf der Funke entsteht; das heißt, die Entladung der Energie. Unsere unbedingte Zuversicht, unser Vertrauen ziehen die Kraft an, deren wir bedürfen. Unsere Sehnsucht schafft den Hohlraum, in den Gottes Licht und Macht einströmen können, um uns ganz zu erfüllen. Erfüllt können wir jedoch erst werden, wenn wir vorher Raum geben. Uns selbst müssen wir preisgeben in ganz eigentlichem Sinne. Der sicherste Weg dazu, von uns selbst freizuwerden, ist der, für andere zu leben. Gelingt dies noch nicht immer im Handeln, so gelingt es doch immer im Gebet. Betest du für eines anderen Wohlergehen, so sollte dein Gebet nicht in unsicheren Wünschen ausgesandt werden; vielmehr mit gleicher Zielsicherheit, als erflehtest du Gottes Macht in eigener Sache. Sei dessen eingedenk: Die gesammelte Kraft deines Sehnens bestimmt das Maß, mit dem Gottes Liebe und Stärke in dich einströmen können und durch dich hindurch in das Leben dessen, für den du betest.

Erhalten wir nicht, wofür wir beten, so sind wir geneigt, zu meinen, Gott entziehe uns Seine Hilfe; Er lehne die Erhörung unserer Bitte ab; oder etwa, wir seien Seiner Antwort nicht wert. In der Erleuchtung aber wird uns offenbar, daß immer Hilfe gegenwärtig ist, immer bereit, uns zu überströmen; wir freilich dürfen nicht ablassen, unserem Vertrauen Ausdruck zu geben. Unsere Einstellung zum Gebet, unser Warten auf Gebetserhörung hängt in hohem Grade von unserer Einstellung zum Leiden selbst ab. Viele Arten gibt es, dem Leid zu begegnen. Die Menschheit hat sie im Laufe ihrer Geschichte alle erprobt. Darüber berichten Philosophien und Gebote der großen Weltreligionen.

Omar Kayyam singt:

„O packte man dies ganze erbärmliche Gefüge der Dinge,
Schlüge es in Stücke, formte es neu,
Dem ähnlicher, was das Herz ersehnt".

Aus solchen Zeilen spricht die ungeduldige Kritik eines Unreifen, Anklage gegen den Schöpfer und das Leben im allgemeinen, wie sie häufig bei sehr Jugendlichen sich findet.

Dem Leid mit Selbstbemitleidung zu begegnen, schafft einen Märtyrer-Komplex. Er trägt ein Leid weit über den Einzelmenschen hinaus zu allen, die ihm im Leben nah verbunden sind. Beantworten wir schwierige Aufgaben damit, daß wir uns in Erbarmen für unser eigenes Ich versenken, so schaffen wir nur ein erbärmliches Ich, das alle früher oder später durchschauen und beklagen werden. Im Gegensatz hierzu trägt der Stoiker sein Leid mit Standhaftigkeit. Solche Haltung ist allerdings oft die eines Rivalen im Kampfe gegen Gott, um auf die Probe zu stellen, wer länger durchhält! „Unter des Schicksals Schlägen mag mein Haupt bluten, doch bleibt es ungebeugt!" Dies läßt erkennen, welcher Stolz auf das Ich dieser Haltung zugrunde liegt. Wenn der Stolz auf das Vollbrachte uns Lohn genug ist, so können wir uns abhärten, um sehr viel zu ertragen.

Eine Tugend spricht aus dieser stoischen Haltung. Doch wenn Lasten getragen, Leiden erduldet werden in wahrer Liebe und echtem Opfersinn, dann werden wir nicht härter, sondern milder. Steht auch allzuoft diese größere Tugend nicht zur Verfügung, so bietet der Stoizismus allein dennoch keine Lösung.

Nach den Lehren Buddhas ist die Begierde unser Feind. Er lehrte die Menschen, vom Begehren zu lassen, um leidlos zu leben. Seine Diagnose war richtig; das empfohlene Heilmittel aber falsch. Ebensowenig können wir aufhören zu begehren, wie wir aufhören können zu atmen.

Weder das Begehren auszulöschen, noch es zu unterdrücken, gibt die gesuchte Lösung. Sie liegt vielmehr darin, ein Begehren durch ein anderes zu ersetzen, indem wir uns aus unserer Enge befreien. Wir können es nämlich lernen, eine niedere Begierde durch eine höhere zu ersetzen und dadurch freizuwerden.

Liebe kann zur Lust entarten, wie im Leben einer Maria Magdalena. Diese gleiche Liebe aber, auf eine Persönlichkeit wie Jesus von Nazareth gerichtet, kann Erlösung und Erfüllung bringen. Ihre niedere Form verursacht Leiden. Ihre höhere Form heilt Leiden und bringt Vollendung.

Buddha hat nicht gesehen, daß ein Begehren sich auf höherer Stufe auswirkt, wenn wir zur Reife gelangen. Weiser war Salomo. Er ließ zwar davon ab, um Dinge zu bitten, von denen er erkannt hatte, wie sie oft zur Last, ja zur Quelle des Leidens werden, anstatt Befriedigung zu schaffen. In seiner reifen Weisheit aber ließ er dennoch nicht ab zu bitten, nur erbat er Verständnis, nicht Besitztümer.

Jedoch bleibt es wahr, Buddha hat uns „ein großes Dokument der Psychologie“*) hinterlassen in seinem achtfachen Pfad: Rechter Gesichtspunkt; rechtes Ziel; rechte Tat; rechtes Wort; rechtes Leben; rechtes Wirken; rechtes Gedenken; rechte Schau. Diese alle sind bestimmt, den Menschen fortzuführen aus seiner Abgeschlossenheit im Ich, im Ego, zu größerer Befriedigung und Erfüllung im gereiften Selbst.

Schlicht sagen Mohammedaner wie auch viele Christen: „Es ist Gottes Wille, dabei kann ich nichts tun.“ Die übliche christliche Haltung ist, wie die des Islam, Resignation allem gegenüber, was geschieht. Für viele ist höchste Christentugend freudige Ergebung in den vorher festgesetzten, vorherbestimmten Willen einer souveränen Gottheit.

Im Vergleich zu diesen allen sind die Lehren Jesu auf einen viel höheren Ton gestimmt. Er leugnete nicht das Böse. Er leugnete nicht die Tatsache menschlichen Leidens. Er nahm die Haltung an, die auch moderne Tiefen-Psychologie annimmt: das Mißgeschick und alle seine Folgen als Tatsachen hinzunehmen, ihnen aber keinen Widerstand entgegenzusetzen. Damit meinte Er nicht, wir sollten sie annehmen als Willen Gottes, der gegen einen Einzelnen gerichtet sei.

Er riet sie anzunehmen in dem Sinne, daß wir nicht dagegen kämpfen, uns nicht auflehnen sollten. Nicht aber sollten wir sie hinnehmen, indem wir uns niederwerfen und jeden Gedanken an Überwindung weit von uns weisen.

Als er gefragt wurde, ob der Blindgeborene Schuld trage

*) So sagt Overstreet.

oder dessen Eltern, beschwichtigte Er nicht. Seine Einstellung war: „Dies wird für euch zu einem Zeugnis werden", oder, wie eine andere Übersetzung schreibt, „dies wird euch eine Gelegenheit bieten, Zeugnis abzulegen". Unserem Leid müssen wir klar ins Auge blicken; dann zur Reife emporwachsen, und das Leiden nutzen zur Befreiung aus unserer Enge in ein erhöhtes Bewußtsein dessen, was es für uns birgt.

Kommunisten schmähen die Christenheit; denn sie hatten gesehen, wie die russisch-orthodoxe Kirche sich mit der unmenschlichen Zarenregierung verbündet hatte zum Verrat an denen, die Hilfe von seiten der Kirche so sehr nötig gehabt hätten. Ihre Erwiderung heißt: „Religion ist Opium für das Volk." Das ist aus Erbitterung über eine unselige Erfahrung heraus gesprochen.

Die russisch-orthodoxe Kirche mag ein „Opium für das Volk" gewesen sein. Die Religion Jesu Christi aber ist kein Opium. Sie ist ein starkes Heilmittel, ein Lebenselixier, das die heutige Welt in kräftigen Dosen einnehmen muß, soll sie Heilung finden von ihrem Krebsgeschwür.

Wir dürfen nicht Gott bitten uns zu retten. Wir müssen unsere Not eingestehen und in Demut von Gott erbitten, daß Er uns hilft uns selbst zu retten. Dazu sollten wir imstande sein, ohne die ganze Welt einem Höllenbrand von Leiden auszusetzen; gelingt uns dies aber jetzt noch nicht, so dürfen wir sicher sein, wir alle werden es lernen und zwar eben durch unser gemeinsames Leid.

Es besteht eine tiefe Analogie zwischen den Lehren Jesu und den Einsichten moderner Psychologie und Psychiatrie. Jesus würde dem Streitsatz des Augustinus nicht beipflichten, daß die Menschenseele für alle Ewigkeit zur Hoffnungslosigkeit verdammt sei, weil einst Adam dem Schöpfer nicht Gehorsam geleistet hatte. Jesus bestätigte, was heute wiederum Psychologen und Psychiater bestätigen: In uns liegt die Fähigkeit zu wachsen. – „Die Herrschaft der Himmel ist in euch." Unser wesentliches Ziel ist, zum Reifen des Selbst zu gelangen. Indem wir dann das Böse aufsaugen und es umwandeln, nutzen wir die Leiden; denn wir haben sie und unsere eigenen Reaktionen darauf begriffen. Dr. Fritz Künkels

Werk "In Search of Maturity"*) enthält einen wundervollen Abschnitt, den ich Ihnen als Schluß dieses Kapitels bringen möchte:

„Entweder ist die Befreiung des Bewußtseins aus seiner Enge identisch mit der Befreiung schöpferischer Macht, oder sie ist überhaupt keine Befreiung. Befreit sich das Bewußtsein, so führt dies zu tieferer Verantwortung des Einzelnen, zu höheren Fähigkeiten, zu wachsendem Mut. Die schöpferische Mitte lebt. Durch seine eigene Entwicklung weist somit ein zur Persönlichkeit gereifter Mensch seinen Mitmenschen den Weg in die Zukunft. Als Bahnbrecher erforscht er den nächsten Schritt in der Entwicklung. Damit fördert er die Schöpfung; das bedeutet, er ist Gottes Diener."

---

*) Inzwischen in deutscher Übersetzung erschienen: „Ringen um Reife".

9. Medizin einnehmen – oder nicht?

In dieser Zeit, so sagen manche, kann es keine Wunderheilungen durch Gebet und Vertrauen mehr geben. Als Grund geben sie an, wir lebten unter neuen Ordnungen.

Dürfen wir aber auf das Gebet um Heilung verzichten, solange Tausende von Männern, Frauen, Kindern geistig und körperlich hilflos daliegen in den riesigen Krankenhäusern, deren Zahl im ganzen Lande wächst und immer weiter wächst?

Wären Naturwissenschaft und Medizin Herren der Lage, müßten wir dann nicht die Zahl eher ab- als zunehmen sehen? Sicherlich liegt da eine Not vor; es fehlt an etwas.

In bestimmten religiösen Kreisen wird heute ständig davor gewarnt falsches Zeugnis abzulegen oder vor Verweltlichung oder vor „Wölfen im Schafspelz", bis man schließlich, wie in einem Freundesbrief steht, „nicht mehr ein und aus weiß".

Menschen, die an schönen Dingen Freude haben, werden in solchen Kreisen davor gewarnt, sie sich zu Götzen zu machen. Wer ihnen folgt, fürchtet oft geradezu, die eigenen Kinder liebzuhaben aus Angst, Gott könnte eifersüchtig werden und sie ihnen nehmen.

Der Brief einer anderen Freundin zeigt recht klar die Engherzigkeit so reaktionärer Geistesverfassung, die jede Neuerung fürchtet. Ich will Ihnen etwas daraus mitteilen; denn er ist aufschlußreich.

„Ich pflegte mich damit zu brüsten, ich könne all und jedes lesen, dabei aber doch rechtgläubig bleiben. Als ich aber (Bücher wie die Ihren . . .) las, war mir zumute, als dehnten sich mir die Seiten, und ich hatte ein Gefühl vom ‚Innewerden der Gegenwart Gottes'. Es wurde mir offenbar, daß Gott allerorten und zu gleicher Zeit gleich gegenwärtig und erreichbar ist.

Damals erfuhr ich, daß Gutes die Luft erfüllt. Nicht Sünde und Elend, Versuchung, Grausamkeit, Gier und Verzweiflung, sondern Gutes – lauter Gutes! All das andere holen sich die Leute aus dem Äther, weil dieses Reservoir alles enthält; und man kann haben, was man sich aussucht. Warum aber den Schatten wählen, wenn das Wesen gegenwärtig ist?

Vordem meinte ich, Rechtgläubigkeit bedeutet, sich durchaus vor etwas zu hüten oder solche Stellen im Gedächtnis zu behalten wie: ‚Euer Widersacher geht umher wie ein brüllender Löwe und sucht, wen er verschlinge', nun aber habe ich einen veränderten Blickpunkt gewonnen: ein Etwas in meiner Seele kann zulassen, daß ich mich entspanne, mich ausstrecke und ruhe, wie ich es vordem nicht gekonnt.

Hatte ich vordem eine gute Stellung, so war mir zumute, als paßten die Heiligen auf, ob ich auch geistig bliebe; denn mir war gesagt worden, ginge ich in die Welt hinaus, so würde ich Gott vergessen. Um Himmels willen, wie hätte ich Gott vergessen können? Hatte ich Ihn doch immer. Ihn hatte ich schon kennengelernt (nach guter alter Quäkerweise), als ich noch ein einsames Kind gewesen war. In der sommerlichen Küche (beim Geschirrspülen) hatte ich Offenbarungen, die mich auf Wolken von Licht wandeln ließen. An Herrliches erinnere ich mich; für mich standen die Büsche selbst in Flammen, und Bäume ließen Sein Wort vernehmen. Ohne Gott war ich niemals!

Mir war gesagt worden, wenn ich ins Kino ginge, müßte ich Jesus draußen lassen, und ich würde innerlich Schaden nehmen; denn Jesus würde nicht mit mir hereinkommen. Dem konnte ich nicht zustimmen. Als Kind ging ich ins Kino und sah in den Bildern Gottes Hand, ob im Gericht, ob in Gnade und Liebe. War das Bild gut, war mir fromm zumut; war es schlecht, so zog ich eine Lehre daraus. Jesus aber verließ mich nicht.

Nun werden Sie verstehen, warum ich Ihnen sagen mußte, daß Sie mir ein Trost sind; deswegen nämlich, weil Gott daraus zu hören ist, wenn Sie sprechen, und Sie sich nicht an eine Million unwesentlicher Regeln binden, die einen in

Furcht halten. Ferner deshalb, weil Sie Quäker sind und wie ich davon überzeugt, daß die Buchdeckel der Bibel Gottes Offenbarung nicht abschließen; daß ich soviel Anrecht darauf habe, Gott zu mir reden zu hören wie Moses oder Paulus oder wer immer sonst; daß meiner Offenbarung soviel Recht auf Gültigkeit zusteht wie der irgendeines anderen, solange sie sich an die beiden großen Gebote hält, die alle Gerechtigkeit umfassen.“

Dieser Brief zeichnet ein Bild von solchen, deren Furcht vor dem Bösen stärker ist als ihr Vertrauen auf Gott.

Viele scheuen sich davor, das Gebiet des Seelischen zu betreten. Gewiß ist Gefahr dabei, an den Bereich des Unterbewußten und an das Empfindungsleben zu rühren. Wir tun recht daran, behutsam aufzutreten. Eine Welt unerforschter Empfindungen aber, die uns umtreiben wie steuerlose Schiffe im Sturm, birgt für die Gesundheit wie für zukünftiges Glück viel größere Gefahr.

Überdies, Leben ist nicht Sicherheit – Leben ist Wagnis. Der hohen Flut des Fortschritts können wir nicht wehren und nicht aus Furcht vor der offenen See im landumhegten Hafen ruhig verharren.

Da aber erhebt sich die Frage: Scheuen wir die Sache selbst, oder scheuen wir vielmehr ihren Mißbrauch aus Fanatismus? Von rascherem Vordringen auf dem Gebiet geistiger Heilweise wird die öffentliche Meinung vielleicht durch die Furcht davor zurückgehalten, daß ein fanatischer Glaube bestimmter Leute manchem Ahnungslosen Härten und Leiden auferlegen könne.

Oft nämlich hört das Publikum von Fällen, wo Eltern oder Vormünder, in festem Vertrauen auf geistige Heilweise, ihrem Kind oder Pflegling die Erleichterung durch Beruhigungsmittel oder ärztliche Behandlung versagten. So ließen sie sie leiden und sterben ohne die Wohltat naturwissenschaftlich begründeter Hilfsmittel.

Sind wir zum Zaudern geneigt, bevor wir geistige Heilweise unterstützen, weil wir Gefahr darin sehen, daß einem Einzelnen zuviel Macht über einen anderen eingeräumt werde?

Einem Leidenden sollte Hilfe durch Medikamente nicht vorenthalten werden, ebensowenig aber sollte geistige Hilfe ignoriert werden. Ein Kind mag größtes Vertrauen haben, es wird ihm aber versagt, solches Vertrauen zu seiner Heilung zu nutzen. Der Sinn der meisten Menschen richtet sich auf Medikamente und auf den Arzt, viel stärker als auf Gebet und auf Gott.

Eisenhower stände wohl heute nicht mehr im Heer; tatsächlich wäre er wohl nicht einmal mehr am Leben, hätten seine Eltern die schwere Operation vornehmen lassen, zu der die Ärzte dringend geraten hatten. Sein Bein war abgestorben, und er hatte sehr hohes Fieber. Die behandelnden Ärzte hatten alle Mittel angewandt, die Kunst und Gelehrsamkeit bieten konnten. Sie waren aber zu dem Schluß gekommen, eine Amputation des Beines sei der einzige Weg, des Knaben Leben zu retten. In dem jungen Eisenhower sprach eine tiefinnere Überzeugung: „nein", – und er bat die Ärzte, das Bein nicht zu amputieren.

Es war jammervoll, wie die Eltern innerlich hin und her gerissen wurden zwischen der Liebe zu ihrem Sohn und der Besorgnis um sein Leben. Sie waren bereit, dem Spruch der Ärzte zuzustimmen. Ike aber nicht. Staunenswert ist dies Vertrauen eines noch nicht 20jährigen jungen Menschen, ebenso, wenn nicht noch staunenswerter, das Vertrauen seines getreuen älteren Bruders, der Ikes Befehl ausführte, sich vor dessen Türe zu legen, damit keiner kommen könnte und ihn in die Klinik schaffen.

Mochte der Bruder sein Vertrauen auf Ike setzen, Ike setzte sein Vertrauen auf Gott. Tag und Nacht knieten Familienmitglieder abwechselnd im Gebet am Fuß von Ikes Bett und hielten so den Weg offen, auf dem Gottes Schöpfermacht zu völliger Heilung vorstieß.

Über ein sehr kleines Kind oder einen Säugling müssen natürlich die Eltern entscheiden oder die, die dem Kleinen die Nächsten sind; besteht jedoch keine völlige Übereinstimmung zwischen allen, die es zutiefst angeht, so ist es weiser, Harmonie herzustellen, indem ärztliche Behandlung zugestanden, gleichzeitig aber das Gebet fortgesetzt wird.

Vielleicht legt die Entweder-Oder-Haltung unnötige Härten auf. Wir müssen versuchen, von einem unbedingt festen Standpunkt aus zu arbeiten. Haben wir irgendeinen Grund zu der Annahme, Gott werde Seine helfende Macht versagen, wenn wir materielle Hilfe gebrauchen?

Das ist eine Frage, der wir oft begegnen. „Was soll ich tun? Soll ich Medizin einnehmen oder nicht? Soll ich damit fortfahren, Medikamente zu nehmen, dem Arzt zu folgen, und überdies Hilfe durch Gebet erbitten? Oder muß ich ganz und gar geradeaus gehen? Wird mich Gott auf Gebet hin heilen, wenn ich materielle Mittel gebrauche und mich auf den Arzt verlasse?" Um Himmels willen, es ist nicht anzunehmen, Gott werde irgend jemandem Heilung durch Gebet versagen, weil er eine weiße Tablette geschluckt hat oder eine hellrote; oder weil er ein Senfpflaster aufgelegt hat oder osteopathisch behandelt wurde!

Vielleicht handelt es sich nicht so sehr um die Frage: Würde Gott noch bereit sein mich zu heilen, wenn ich mich auf andere Mittel verlasse – als vielmehr um die Frage, die unser eigenes Schuldbewußtsein stellt: „Habe ich das Recht, unmittelbare Heilung von Gott zu erwarten, wenn ich nicht bereit bin, Ihm im Gebet alles anzuvertrauen?" Es ist eher anzunehmen, unser eigenes Schuldbewußtsein hindere ein Offenbarwerden vollständiger Heilung, weil wir unserem Vertrauen Grenzen gesetzt haben.

Ob ein Arzt es weiß oder nicht, ob er es zugesteht oder nicht: wenn er ein Medikament reicht oder wenn er operiert, verläßt er sich in Wahrheit auf Gottes Macht in uns, die die Heilung bewirken muß. Alles kann das Medikament nicht tun und die Operation auch nicht. Unser Körper muß auch etwas tun.

Erinnern wir uns daran: Medikamente wie Chinin, Digitalis, Codein, Morphium, Belladonna, Aconit müssen für den Körper „giftig" sein, um eine Wirkung zu haben. Was ist denn, quantitativ betrachtet, darin, das den Körper heilen könnte? Nichts. Sie rufen nur eine Gegenbewegung in den Zellen hervor. Solche Medikamente können anregen oder niederschlagen. Sie haben eine stärkende Wirkung, oder sie dämpfen die Schmerzempfindung. Sie peitschen die Gewebe zu stärkerer Tätigkeit auf, oder sie schalten zeitweilig das Empfindungsvermögen aus.

Selbstverständlich können wir weder die Behandlung mit dem einen noch mit dem anderen bis ins Unendliche fortsetzen. In erster Linie neigt nämlich der Körper dazu, sich gegen das eingenommene Medikament immun zu machen, wie er sich immun macht gegen jedes Gift, das in den Leib eindringt; um Wirkungen zu erzielen, müssen wir also immer schwerere Beruhigumgsmittel, immer stärkere Reizmittel, immer kräftigere Abführmittel nehmen. Reagiert der Körper rasch und schwingt nach wenigen Tagen schon in mehr normale Funktion zurück, so ist sehr wenig Schaden entstanden; müßte aber der Gebrauch von Medikamenten lange Zeit hindurch fortgesetzt werden, dann wären gleiche Wirkungen vielleicht auf natürlichere Art und Weise zu erzielen.

Der Chiropraktiker, der Osteopath, der Masseur, der Heilgymnastiker, der Naturheilkundige lockern Spannungen und Verkrampfungen durch Handgriffe und Übungen. Sie stellen normalen Blutkreislauf her, regen dadurch die Funktionen an oder beseitigen Schmerz, meistens ohne Medikamente zu gebrauchen. Wird Erleichterung gewonnen, ohne daß dem Körper Fremdstoffe einverleibt wurden, so sind natürlich weniger Gifte oder Gewebeabfälle abzustoßen; ist es daher nicht logisch, daß die Heilung dann schneller vonstatten geht?

Geht nun weiter und stellt euch vor, ihr selbst wäret innerlich gelockert und entspannt in Vertrauen und Gebet, so wird erwartungsgemäß sich auch Gleiches im Körper vollziehen können. Angeregt und gestärkt durch die Macht der Liebe Gottes, erfahren wir die gleichen Wirkungen, wie wir sie durch Medikamente oder durch eine Behandlung mit allerlei Manipulationen erfahren; und oft ist auf diese Weise die Heilung unmittelbarer und vollständiger.

Niemals würden wir jemanden zum Aufschieben ermutigen wollen oder dazu, den Standpunkt einzunehmen: „Ich werde abwarten und sehen, was sich ereignen wird." Abwarten und sehen, was sich ereignen wird, heißt in Wahrheit sagen, wir bezweifeln Gottes heilende Macht ohne materielles Eingreifen. Das Wort: „Entscheide dich heut, wem du dienen willst", warnt uns davor müßig am Zaun zu sitzen. Eines Tages müssen wir alle mit der ganzen Frage ins reine kommen. Wir müssen die Entscheidung darüber treffen, wem wir Gefolgschaft leisten.

Die Frage betrifft unsere Abhängigkeit. Besteht Abhängigkeit von einer Person, einer Tablette, einem Klima oder einer Diät, so sind wir nicht frei. Wir werden geknechtet von unserer Sucht danach und von unserer Furcht, dessen beraubt zu werden. Jesu Wort besagt, Er kam, uns freizumachen, auf daß wir Leben und volles Genüge haben. Darum lehrte Er uns, immer und unmittelbar uns an unseren himmlischen Vater zu wenden, der weiß, wessen wir nur immer bedürfen; und uns in fraglosem Vertrauen auf Ihn zu verlassen.

Gegen Operationen oder Medikamente anzugehen aus dem bloßen Gefühl heraus oder aus Vorurteil oder Hochmut, das wäre nicht immer klug. Ein Geist der Herausforderung, der versucht, jemandem etwas zu beweisen, oder der durch Widerspruch uns selbst eine Stellungnahme aufzwingt, wird uns nirgends hinführen. Hüten wir uns davor, unseren Kopf gegen etwas aufzusetzen oder zu behaupten: „Mit Chirurgen und Kliniken, mit Tabletten und Ärzten werde ich nichts zu tun haben." Das bedeutet gewöhnlich, wir fordern die Probe heraus.

Oft wurden die, die am lautesten versicherten: „Ich werde niemand an mich heranlassen, mich zu schneiden oder mich in die Klinik zu bringen", eines Tages im Krankenwagen fortgebracht, als sie es am wenigsten erwarteten. Viel besser ist es zu sprechen: „Ich werde recht leben und den himmlischen Vater bitten, für mich zu sorgen." Das ist nicht Trotz. Das ist Gehorsam; und unser himmlischer Vater wird immer für uns sorgen.

Vor einem müssen wir uns besonders hüten; davor, unsere Meinungen einem anderen aufzuzwingen. Geht mit Menschen so weit, wie sie zu gehen gewillt sind; durch kein Wort aber laßt sie jemals fühlen, sie hätten versagt oder täten unrecht daran, sich materiellen Hilfen zuzuwenden. Verantwortlich sind wir einzig für uns selbst. Willensfreiheit ward uns verliehen zur Regelung unseres eigenen Lebens, nicht für das eines anderen. Kommen Menschen mit der Frage: „Soll ich mich operieren lassen? Soll ich die Medizin weiter nehmen, die mir der Arzt gegeben hat?", so sollte unsere Antwort lauten: „Das kann ich Ihnen unmöglich sagen; denn ich bin nicht Gott. Doch wird der Heilige Geist es Ihnen sagen, Ihr innerer Sinn für das Rechte. Fragen Sie! Beten Sie!"

Es ist gesagt worden, bei Gott gelte zwar kein Ansehen der Person, wohl aber der Vorbedingungen. Oft schaffen wir unbewußt im Gebet eine solche Vorbedingung, daß sie die Erhörung des Gebetes nicht zu uns gelangen läßt. Wir sind nicht alle so verständig wie jener ältere Mann, dessen Frau sich eine Reise nach Schweden gewünscht hatte, als kein Geld für die Fahrt da war. Für sich selbst wünschte er nur ein langes Ausruhen; so betete er, Gott möge ihm Ferien verschaffen und gleichzeitig seiner Frau zur Reise in die Heimat verhelfen.

Als er gestürzt war und sich den Rücken verletzt hatte, beklagte er es nicht, daß man ihn in die Klinik brachte. Mehr als zwei Monate mußte er in Gips liegen; aber er hatte Ruhe und wurde gut gepflegt und gut ernährt. Das Geld, das er von der Unfall-Versicherung bekam, beglich die Rechnungen und ermöglichte überdies seiner Frau die langersehnte Reise. Sein Gebet war erhört worden, und er erkannte die Bedingungen dafür an. Wir können aber auch Vorbedingungen festlegen, die volles Auswirken einer Gebetserhörung unmöglich machen. Ich möchte Ihnen von einem derartigen Fall erzählen.

Eine schöne junge Frau kam einmal früh im Sommer zu uns nach Merrybrook. Sie kam mit einer weit fortgeschrittenen Krebsgeschwulst in der linken Brust. Vor zwei Jahren hatten Untersuchungen und Röntgenaufnahmen ihren Zustand aufgezeigt: Sie hatte eine Operation ebenso wie Behandlung durch Radium abgelehnt. Als junges Mädchen hatte sie daheim nicht in glücklicher Beziehung zu ihrer

Mutter gestanden und hatte früh begonnen, unter Hemmungen zu leiden. Als sie sehr jung heiratete, war ihr Liebesleben von Anfang an eine Enttäuschung.

Sie kam nicht nach Merrybrook in der Erwartung, geheilt zu werden; denn sie hatte die seltsame Vorstellung, sie könne nicht geheilt werden, solange ihre Mutter und ihr Gatte nicht dazu gebracht werden könnten, über Religion und geistige Heilweisen so zu denken wie sie selbst. Sie wußte, das würde schwerhalten; denn sie waren sehr dagegen, daß sie ärztliche Hilfe abgelehnt hatte. „Lancie, sehen Sie nicht", redeten wir ihr zu, „es würde ganz anders werden, wenn Sie Ihr Vertrauen beweisen würden, daß Gottes Macht Sie heilen könne? Würde dies nicht das stärkste Argument sein, was jemand anführen könnte, um jene zu überzeugen?" Sie aber hielt an ihrer Behauptung fest: „Ich weiß, Gott kann mich nicht heilen, solange Mutter und mein Mann die Dinge nicht so sehen können, wie ich sie sehe."

Warum Menschen so etwas meinen, kann niemand erklären. Sie selbst machen sich nicht klar, daß sie versuchen, Gott Beschränkungen aufzuerlegen durch ihre Forderung, auf ganz bestimmte Art geheilt zu werden.

Lancie kam im Mai und blieb bis Mitte August. Während dieser dreieinhalb Monate brachte ihr der Dienst von Wallaces Händen in heilendem Gebet stets Befreiung von Schmerz und ließ sie sich wohlfühlen ohne Anwendung von Beruhigungsmitteln.

Als Lancie zuerst kam, bat sie mich, ihre Brust anzusehen. Ich aber antwortete ihr, ich wolle sie lieber nicht sehen; denn vielleicht werde der Anblick meine Fähigkeit beeinträchtigen, sie so zu sehen, wie ich sie zu sehen wünschte. Wir hatten eine gute schwedische Krankenschwester, die ihre Pflege übernahm. Was Wallace und mich betrifft, so sahen wir sie als strahlende Frau, völlig geheilt, in Gottes Auftrag hinausziehen, zu predigen und zu dienen. Dafür war sie wundervoll befähigt, und wir hegten den innigen Wunsch, sie für das Reich Gottes wirken zu sehen. Sie war groß, schön, hielt sich gut, war hochgebildet und von besonders sanftem Wesen, hatte auch einen herrlichen Sopran, der uns alle fortriß.

Solange sie bei uns war, hielten wir an diesem unserem Bilde von ihr fest. Niemals aber gelang es uns, sie von jener Vorbedingung abzubringen, die sie für ihre Heilung selbst festgelegt hatte. Gegen Ende August schickten ihre Mutter und ihr Bruder nach ihr. Sie drangen darauf, sie solle ins Memorial-Krankenhaus nach New York kommen, um Röntgenaufnahmen von ihrer Brust machen zu lassen. Sie hielt das für unsinnig, und die Ärzte pflichteten ihr bei; denn sie meinten, der Zeitpunkt sei längst überschritten, an dem sie von ärztlicher Hilfe etwas hätte erhoffen können. Indessen gab sie dem Drängen ihrer Familie nach, weil sie von ihr abhängig war, und es wurden Aufnahmen gemacht.

Die Ärzte, die mit den Berichten über die Röntgenaufnahmen zurückkamen, äußerten: „Dies ist einer der erstaunlichsten Befunde, die wir je gesehen haben. Hier ist eine Frau mit einer bösartigen Geschwulst, die, ihrer Krankengeschichte nach, im letzten Frühjahr sehr weit fortgeschritten war. Nun berichtet sie uns, dreieinhalb Monate lang habe sie praktisch frei von Schmerzen oder Beschwerden gelebt, habe gegessen und geschlafen wie eine Gesunde. Folgerichtig wäre während dieser Zeit ein rasches Wachstum der Geschwulst in Brust, Unterleib oder Becken hinein zu erwarten gewesen. Von all diesen Stellen haben wir Röntgenaufnahmen gemacht, und sie zeigen kein Anzeichen vom Eindringen in irgendeines dieser Gewebe. So etwas kommt einfach nicht vor. In der Regel bleibt ein Krebsgeschwür nicht während so langer Zeit stehen, dieses aber scheint aufgehalten worden zu sein. Wir verstehen das nicht, und wir können es nicht auf natürliche Weise erklären.“ Wir glaubten zu verstehen. Lancie hatte eine Vorbedingung festgelegt, in sich Voraussetzungen geschaffen, die der Heilung nicht gestatteten, manifest zu werden. Wir werden immer glauben, in Merrybrook habe Gott sie geheilt, doch ihre eigene unbewußte Sehnsucht danach, ihre Mutter und ihr Mann möchten durch ihr Opfer eine Wandlung erleben, ließ diese Heilung nicht in Erscheinung treten. Danach ging es rasch abwärts mit ihr, und zu Weihnachten war ihr Leben zu Ende.

Unsere Überzeugung ist, daß es eigentlich nicht Gottes

Wille war, sie sterben zu lassen; aber ihre Unfähigkeit, eine bestimmte innere Einstellung zu überwinden, oder die Forderung, die sie selbst aufgestellt hatte, fallen zu lassen, hinderte den restlosen Vollzug des göttlichen Heilungsvorganges in ihr – ein Vollzug, den auch die Ärzte sich anbahnen sahen und angesichts der Röntgenaufnahmen anerkannten.

Von all unserem Eigenwillen müssen wir gereinigt werden, wollen wir die Fülle göttlicher Liebe und erlösender Macht empfangen, und dies, so scheint uns, ist das Geheimnis des Heilwerdens. Wir sind geneigt zu denken, Gott solle das tun, wovon wir uns vorstellen, er tue recht daran. Sind wir aber zur Reife gelangt, so müssen wir empfänglich werden für das, was Gott an uns tun will.

10. Naturwissenschaft oder Zauberkunst

Nähern wir uns einem Gebiet wie dem des geistigen Heilens oder des Gebetsheilens, so schrecken wir zurück; denn es klingt nach Zauberkunst, nach Magie. Blicken wir darauf hin wie auf ein Gebiet außerhalb der Naturgesetze, so sehen wir es schief an und rühren nur behutsam daran. Ich kann diese Einstellung achten und sie leicht verstehen; denn jahrelang hatte ich allem Beten gegenüber fast das gleiche Gefühl. In jenen frühen Jahren hatte ich als völlige Agnostikerin eine sehr wenig klarumrissene Religion. Mein Vater war Freidenker. Meine Mutter entstammte einer langen Ahnenreihe von Wesley-Pfarrern (methodistischen Pfarrern, d. Ü.). Sie ließ uns die Sonntagsschule besuchen und las uns aus der Bibel vor. Viele geistliche Lieder sangen wir mit Vater und Mutter zusammen. Beide lasen uns Märchen vor, alte Göttersagen und Klassiker. Auf bestimmten Formen in der Religion aber bestand Mutter nie; so wuchs ich sehr frei im Denken auf. Mich hatte noch keine Auffassung von Gott befriedigt, die ich kennengelernt hatte, bevor ich auf die Hochschule kam. Dort offenbarte sich mir beim Studium von Chemie und Physik die wunderbare Ordnung, die Abhängigkeit von Gesetzen. Sie vermittelte mir erste klare Erkenntnis einer lenkenden Intelligenz jenseits des Weltalls, „da keine Veränderung ist noch Wechsel des Lichts und der Finsternis". Damals gerade hatte die Entdeckung des chemischen Prozesses, der als teilweise Destillation bekannt ist, die Gewinnung vieler Derivate aus Steinkohlenteer oder Petroleum ermöglicht. Einige davon kannte man; Chemiker waren überzeugt, es gäbe noch viele, viele andere. Sie wären darzustellen, veränderte man nur die Hitzegrade und den Druck solange, bis es glückte, sie von den übrigen Bestandteilen des Rohöls zu trennen.

Für die Kohlenwasserstoffe der Paraffinreihe gilt eine gemeinsame Formel, bei der Kohlenstoff in bestimmter Verbindung mit Wasserstoff vorkommt. Die Formel lautet $C_n H_{2n} + {}_2$. Ausgehend von Methan, natürlichem oder Sumpfgas, konnten wir die Reihe genau aufweisen, nämlich: Äthan C_2H_6; Propan C_3H_8; Butan C_4H_{10}; Pentan, Hexan, Heptan, Oktan usw. Gegenüber der Formel wies die Reihe oft Lücken auf, und zwar überall dort, wo bisher noch kein Stoff gefunden worden war. Diese Lücken waren es, die mich so tief beeindruckten.

Zwar brüsteten sich diese Naturwissenschaftler damit, sie würden durchaus nichts glauben, als was ihre fünf Sinne nachprüfen könnten. Dennoch aber waren sie bereit, ihren Ruf zu riskieren durch Einschluß und Weiterbildung von Formeln für einen Stoff, den sie weder gesehen, noch gerochen, noch geschmeckt, noch gefühlt hatten. Denn sie waren gewiß, er würde zu seiner Zeit bei der Destillation gewonnen werden, eben dann, wenn nur die rechten Vorbedingungen von Wärme und Druck erkannt wären. Dieses erschien mir damals – und erscheint mir noch heute – zutiefst als Glaube. Aber es war ein Glaube, der auf beobachteten Tatsachen und auf begründetem Urteil ruhte.

Die Gesetze der Chemie und Physik scheinen heute viele unserer großen Naturwissenschaftler zu der überwältigenden Überzeugung gebracht zu haben, hinter dem Schauplatz wirke eine Intelligenz, ein Bewußtsein, worauf wir uns unbedingt verlassen können. Ein Naturforscher unserer Tage sagte kürzlich, seiner Überzeugung nach strebten Physiker und Mystiker gleicher Wirklichkeit zu; der Mystiker durch Unterdrückung der Sinne und durch Intuition; der Physiker durch Mathematik und induktive Beweisführung. Beide suchen die unsichtbare Energiequelle jenseits der sichtbaren Welt. Die materielle Welt, die wir sehen, deuten sie nur als äußere Gestalt, die auf unsichtbarer Energie beruht. Die Wirklichkeit des Alls ist wahrhaft im Unsichtbaren, wie Paulus es sagt und Jesus es lehrt. Später kam eine Zeit in meinem Leben, in der dieser abstrakte Gottesbegriff mir nicht nah genug war, um die Hilfe zu leisten, die ich brauchte. Er war zu entlegen – zu kalt. Gottes Liebe mußte ich finden, die

Gewißheit Seiner Liebe in mir und um mich, ehe ich meinen Weg finden konnte aus der Finsternis von Krankheit und Fehlschlägen. Dadurch aber wurde jene frühere Auffassung nicht verdrängt. Sie blieb bestehen als Grundlage meines unerschütterlichen Vertrauens in die Zuverlässigkeit göttlicher Gesetze. Darauf war sie gegründet, sie wuchs darüber hinaus.

Hörte ich in jenen Jahren Leute von Beten und Heilung sprechen, so konnte ich dem nicht beipflichten. Die um so etwas beteten, erschienen mir reichlich verwegen. Da war die unendliche Macht. Sie hatte jene Gesetze erschaffen, denen das Weltall unterworfen war. Und von ihr sollte erbeten werden, für den Bruchteil einer Sekunde einige dieser Gesetze außer Kraft zu setzen, bis einer, den sie liebte, geheilt war oder das erhalten hatte, was er sonst erbat? Mir kam es so vor, als wären die recht anmaßend, die von Gott erwarteten, er werde etwas beiseite setzen oder ändern, um der Erhörung gerade ihres Gebetes willen!

Das, Ihr Lieben, ist die Art, wie Tausende von Menschen darüber denken! Deswegen haben sie kein Vertrauen zum Gebet und kein Vertrauen dazu, im Gebet etwas von Gott zu erbitten. Es erscheint ihnen nicht stichhaltig. Und so ausgedrückt, ist es auch nicht stichhaltig.

In Wirklichkeit ist es ja aber gar nicht so! Diese Logik ist schief, wie meine Logik schief war. Gott ändert Sein Gesetz nicht. Keines Seiner Gesetze wird auch nur um einen Bruchteil abgeändert. Sie können nicht abgeändert werden. Sie sind unabänderlich, fest und unbedingt gültig. Das begründet ihre Zuverlässigkeit. Auch Gott selbst würde sie nicht ändern Woran ich aber vorbeisah und woran Tausende vorbeisehen, ist, wir können Gesetze überschreiten. Wir können das Bewußtsein auf eine höhere Stufe erheben und dort ein anderes Gesetz schauen, das jenes niedere überhöht. Das niedere bleibt unverändert. Wir haben es nicht abgeändert. Wir haben nicht von Gott erbeten, es zu ändern. Wir sind einfach zum Verständnis eines anderen Gesetzes gelangt, das wir vorher nicht kannten. – Und dies eben ändert alle Faktoren.

Gern erzähle ich die Geschichte einer alten Frau, der man gesagt hatte: hätte sie Glauben genug, so könne sie einen Eisenstab zum Teich hinunterbringen, ihn hineinwerfen, und er werde schwimmen! So oft hörte sie das sagen, bis sie es nicht mehr hören mochte. Dann nahm sie eines Tages den Stab herunter und warf ihn in den Teich. Er sank im Nu auf den Grund. Sie rieb sich die Hände und sagte: „Ich wußte ja, so würde es sein.“ Sie hatte sehr wenig Glauben; denn sie hatte sehr wenig Einsicht in höhere Gesetze. Hätte sie ein anderes Gesetz gekannt, hätte sie viel mehr Glauben haben können.

Hätte sie z. B. gewußt, sie könne den Eisenstab auswalzen zu einem Metallblech, das mehr Wasser verdrängt als sein Gewicht beträgt, er hätte schwimmen können; genau wie ein metallenes Schiff schwimmen kann. Sie hätte das Gesetz nicht abgeändert, nach dem ein Eisenstab sinken muß. Sich selbst aber hätte sie zur Einsicht in das Gesetz erhoben, nach dem ein Riesenschiff, aus Metall erbaut, schwimmen kann; einfach durch Einführung eines anderen Prinzips, das zu tun ermöglicht, was vorher unmöglich schien.

Wer niemals für sein Gebet Erhörung erfleht oder erfahren hat; wer auch noch nie aus erster Hand über Heilung durch Gebet berichten hörte, dem wird es zuerst schwer, so etwas anzunehmen. Es geht ihm wie jenem Mann, der behauptete, an die Wahrheit nur eines einzigen Verses in der Bibel zu glauben, nämlich des einzigen, nach dem er sich gerichtet habe: „Hart ist der Weg dessen, der sich Übertretungen zu schulden kommen läßt.“ Vielleicht wäre er überzeugt worden, hätte er einen anderen Weg eingeschlagen! So ist es mit dem Heilen. Wir müssen uns der Überzeugung erschließen.

Im Hinblick auf körperliche Heilung geraten viele in Verwirrung wegen der Gesetze der Materie, der Gesetze des Leibes. Wir werden solche Gesetze nicht abändern; wir werden überhaupt nichts ändern. Wir streben nur danach, unser eigenes Wahrnehmungsvermögen aus seiner Enge zu befreien. Es gibt einen entzückenden Essay*) über den Kristall. Darin wird erzählt: Ein Kristall erhob einst sein Bewußtsein bis

*) Von C. H. Dodd.

dorthin, wo er eine Amöbe gewahrte. Die Amöbe schwamm in den Wasserpflanzen des Teiches umher. Sie ernährte sich, indem sie einfach einen Pseudoarm ausstreckte, sich Partikeln einverleibte, sie verdaute, sich assimilierte und, wenn das fertig war, den Abfall ausstieß und hinter sich zurückließ. Wenn es sie danach verlangte, eine Familie zu gründen, so teilte sie sich in der Mitte, spaltete ihren Kern in zwei Teile mit etwas lebendem Protoplasma um einen jeden herum. Und so war der Nachwuchs da! Der Kristall, der durch Angliederung wuchs, sah mit immer größerem Staunen zu. Dann rief er aus: „Aber das kann doch gar nicht sein! So etwas geschieht doch nicht in der Natur!" Es geschieht auch nicht in der Welt des Kristalls, in der Welt der Amöbe aber geschieht es.

Diese Analogie kann fortgeführt werden. Die Amöbe ihrerseits blickt auf den Menschen und spricht mit dem Kristall: „So etwas geschieht doch nicht in der Natur!" Oder: Einer führt sein Leben nach ethischen Grundsätzen. Er geht zur Kirche. Er betet fromm, aber gewohnheitsmäßig. Er tut alles, was von ihm erwartet wird, und unterläßt alles, was er nicht tun soll. Dieser blickt nun auf einen von Christus erfüllten Menschen, Mann oder Frau, der jenseits der Gesetze materieller Welt lebt, der sich selbst und alles, was er hat, für die große Sache einsetzt, – und der erste spräche dann: so kann man nicht leben; denn das ist geradezu für die menschliche Natur unmöglich.

Tausende von Menschen innerhalb und außerhalb der Kirchen versichern: Wir können nicht dem Leitbild nachleben, das Jesus Christus für uns aufgestellt hat. Sie behaupten, Menschen seien nicht dazu geschaffen, solchen hohen Idealen gleich zu sein; ihre Ideale mögen sie als Wachttürme behalten; selten aber seien sie dazu fähig oder gäben sich auch nur Mühe, die Stufen dorthin zu erklimmen! Lesen sie Jesu Worte: „Dies und noch Größeres als dies werdet Ihr tun in Meinem Namen", dann zucken sie die Achseln und wiederholen wie die Amöbe: „Zu so etwas sind wir nicht geschaffen."

Man ändert aber auch die Gesetze der Chemie und Physik nicht, wenn man in die Gebiete der Biologie und der Psychologie aufsteigt. Der Unterschied ist der, daß bei der Biologie und der Psychologie ein Faktor hinzutritt, nämlich das menschliche Leben. Und das ändert die Beziehung aller einbegriffenen Faktoren zueinander. Gesetze, die für Chemie und Physik gelten, gelten nicht mehr für Biologie und Psycho logie. Dennoch bleibt das niedere Gesetz unverändert. Man hat kein Wunder erbeten. Man war nicht Zeuge eines Zauberkunststückes. Kein Gesetz ist beiseite getan worden. Die Naturwissenschaft sollte heute unser Vertrauen stärken. Denn gerade sie befreit unsere Einsicht aus ihrer Enge zu vertiefterem Wahrnehmen der Wunder draußen ebenso wie der verborgenen Kräfte, die in uns selbst schlummern.

Langsam, aber unaufhaltsam wurde es mir klar: das, was sich in mir vollzog, war die Befreiung meines eigenen Bewußtseins aus seiner Enge.

Dabei geriet ich in einen anderen Kampf, den alle in Physik Geschulten früher oder später bestehen müssen.

Wir sind gelehrt worden, die Entwicklung steige in stufenweisem Fortschritt auf von niedrigsten Lebensformen durch mannigfache Anpassung und Steigerung zu höheren Formen. Diese gipfeln im homo sapiens. Unmöglich schien es, diese Lehre mit Lehren der Religion in Einklang zu bringen, die davon ausgehen: alles sei erschaffen und im ersten Anbeginn für gut befunden worden!

Beide Einstellungen schienen unvereinbar miteinander. Unmöglich schien es, sie zur Übereinstimmung zu bringen. Mit diesem Versuch rang ich lange Zeit in andächtiger Sammlung und im Gebet. Dann kam eines Tages Rufus Moseley zu uns ins Haus; und mit ihm besprach ich dieses Problem. Wer diesen großen Mystiker unserer Zeit gut kennt, weiß, er beantwortet selten eine Frage direkt. Er antwortet mit einem Gleichnis oder durch eine andere Frage.

In diesem Falle sagte er: „Rebecca, machtest du jemals halt, um darüber nachzudenken: könnte die Entwicklung vielleicht in deinem Bewußtsein vor sich gehen?“ Seine Frage erschloß mir ein völlig neues Feld für Entdeckungen. Nun, selbstverständlich, alles ist da! Es hat seine Gestalt erhalten, – es ward für gut befunden. – Nur wir nehmen es nicht wahr, bevor unser Bewußtsein sich dazu erhebt. Dann scheint es uns, als öffne es sich, als enthülle es sich vor unseren Augen. Das ist aber nicht wahr. Es ist im Anbeginn erschaffen worden. Es ist immer dagewesen. Wir sind es, die sich entwickeln! Meine Entdeckung scheint durch Prediger 3,15 bestätigt zu werden: „Was geschieht, das ist zuvor geschehen, und was geschehen wird, ist auch zuvor geschehen." Erinnert ihr euch an die Beobachtung, die ihr macht, wenn ihr auf dem Bahnhof im Zuge sitzt in der Erwartung, der Zug auf dem Nebengeleis werde abfahren? Wenn sich jener Zug in Bewegung setzt, so ist schwer zu sagen, ob der eigene Zug abfährt oder der auf dem Nebengeleise. Das nennt man eine „optische Illusion". Sie zeigt, wie leicht unsere Sinne uns irreführen. Wir meinen etwas Wirkliches zu sehen, in Wirklichkeit aber geschieht etwas ganz anderes. Unser Bewußtsein entfaltet sich, es befreit sich aus seiner Enge. Es ist dies sich entfaltende Bewußtsein, das uns alles zeigt. Das sich befreiende Bewußtsein enthüllt unser wahres Selbst. Wir erschaffen nichts. Wir enthüllen nur das, was bereits vorhanden ist; und wir steigern unsere Fähigkeit zu erkennen. Eine unserer Zeitgenossen*) bestätigt: Dies ist das Zeitalter der Offenbarungen. Wir brauchen nur um uns zu blicken, auf die Fortschritte der Naturwissenschaft, um zu erkennen, daß dem so ist. Die großen Naturgesetze waren immer vorhanden, doch vom Menschen ungenutzt; denn er wußte gar nichts von ihrer Existenz. In ein paar empfänglichen Menschenhirnen leuchtet dann ein Bewußtsein auf von Vorbedingungen, die früher jenseits menschlicher Erkenntnis lagen. Langsam wird die Offenbarung erfaßt, in ein System gebracht und zu allgemeinem Gebrauch dem gemeinsamen Wissen der Menschheit einverleibt.

Solch langsames Wachwerden des Menschen für bislang unbekannte Tatsachen bleibt nicht nur auf die großen Gesetze der Materie beschränkt. Auch der Bereich geistigen Gesetzes erschließt sich seiner Schau. Und diese Erkenntnis kommt auf genau dem gleichen Wege zu ihm – durch Offenbarung. In empfängliche Seelen gelangt die Erkenntnis gei-

*) Winifred A. Cobbe in: Letzte Tage ("The Latter Days").

stiger Vorbedingungen, von denen man sich bisher nichts hatte träumen lassen. Doch waren sie von Anbeginn an vorhanden. Und langsam wird die Erkenntnis erfaßt."

Suchen wir Hilfe im Gebet, so bitten wir nicht, wie in der materiellen Welt, um etwas, das gegeben oder genommen werden möge. Die durch Gebet bewirkte Veränderung kommt aus dem Innern. Wir suchen Hilfe, um das Vollkommene zu entschleiern, das in einem jeden ruht. Ein jeder ist als Kind in Gottes Bild und Gleichnis erschaffen – ein Kind, das seine wahre Abstammung vergessen hatte. Deshalb hat es in dieser Welt Unvollkommenheiten und Beflekkungen angenommen. Sie sind ihm nicht eigen. Das ursprüngliche Leitbild aber verderben sie, ja, sie können es zeitweise fast tilgen.

Wir beten um Erleuchtung zur Erkenntnis einer Vollkommenheit, die bereits vorhanden ist. Jesaja schließt jedes Element der Zeit aus diesem Vorgang aus, wenn er spricht: „Und es soll geschehen, daß ich antworten werde, bevor sie rufen; daß ich hören werde, während sie noch sprechen." Ein anderer fragt: „Von wannen kommt das Licht? Nicht von Norden, nicht von Osten, noch vom Westen; jedoch von innen her, zu erleuchten alle Lande."

Worte und Bilder sind schwer zu finden, um die Tatsache klarzustellen: Gebet ist keine Zauberei, keine Magie. Es ist auch keine falsche Sicherheit. Es ist kein „Hoffen gegen die Hoffnung", daß Gott hören werde oder handeln, falls Er hört. Eher ist es „gesetzmäßiges Wirken aus Lebenskraft". In Wahrheit ist es Übertragung von Leben – von dem schöpferischen Leben, das uns erschaffen.

Können wir an dies Leben rühren und uns ihm erschließen, so werden wir das Weltall erkennen als von ihm erfüllt. Alles mag uns davon zu eigen werden, was wir nur irgend brauchen oder nutzen können. Wir aber müssen wissen, daß es da ist, und daß es für uns da ist.

Irgendein Gedanke daran, daß wir nicht würdig seien, es zu besitzen, würde uns hindern, es zu empfangen. Ebenso ist es, wenn wir mit aufrührerischem Widerstand liebäugeln gegen Gott oder gegen das Weltall in dem Sinne, daß wir Ihm Ungerechtigkeit oder Unbilligkeit vorwerfen.

Fühlen wir uns versucht zu fragen: „Warum muß ich Krebs oder einen Tumor haben?" „Warum mußte mir der Unfall zustoßen?" „Warum muß ich eine Psychopathin zur Frau haben oder einen Trunkenbold zum Mann oder ein mongoloides Kind?", so sagen wir in Wirklichkeit: „Dabei ist etwas Unbilliges! Ich werde herausgegriffen, um zu leiden; andere aber gehen frei aus." Nicht unter der Last unseres Kreuzes brechen wir zusammen, sondern infolge unserer verkehrten Einstellung zu diesem Kreuz, infolge unserer Auflehnung dagegen.

Kommen wir aber zu der Einsicht, daß es eine größere Weisheit gibt als unsere eigene; eine solche, die wir nicht zum Ausdruck bringen; so hören wir auf uns zu empören. Wir beginnen vielmehr mitzuwirken. Erleuchtung offenbart uns, daß unsere Hilfe stets gegenwärtig ist. Wir aber müssen unser Vertrauen erweisen. „Mein Vater wirket bisher." Und wir mögen gewiß sein: In diesem Sinne umfaßt das „ich wirke auch" des Menschen Streben hin zu Gott, das den Kreis schließt.

Wenn wir uns darüber klar sind, daß unser himmlischer Vater wirkt und durch uns wirkt, dann beginnen wir zu wirken. Eine innere Stimme beginnt zu sprechen: „Ich weiß, Du wirst für mich sorgen, Vater. Ich weiß, Du wirst mir zu jeder Aufgabe die Kraft geben, Du wirst mich lehren, was ich nach Deinem Willen lernen soll. Gib mir Ausdauer; hebe mich empor zu erhöhtem Bewußtsein, wo ich schauen möge und erkennen."

Dies ist Bekehrung. Dies ist das Umschalten unserer Einstellung vom Negativen zum Positiven hin. Noch steht unsere Aufgabe vor uns, ihr Gewicht aber ist aufgehoben und leicht geworden. Von unseren Augen ist der Schleier gefallen; unsere Ohren sind aufgetan; wir vernehmen die Verheißung und trauen ihr: „Kommet her zu mir alle, die ihr mühselig und beladen seid, ich will euch erquicken."

Willige Bereitschaft zum Empfangen ist nur die Hälfte dessen, was sich vollzieht.

Wir geben uns hin und erschließen uns; so nehmen wir auf, was in uns einströmt. Dann müssen wir uns in horizontaler Richtung auftun, damit der Strom durch uns hindurchflute in die Leben unserer Umwelt hinein.

Oft schrecken wir zurück, weil wir nicht der Richtung folgen, die Liebe uns weist.

Denn wir denken zuerst in vertikaler Richtung, um Verbindung mit Gott zu erlangen, um Seiner innezuwerden.

Sind wir aber einmal Seiner innegeworden, so müssen wir in horizontaler Richtung in Liebe und im Dienst für andere denken und handeln.

Daraus erst bildet sich das Kreuz, das Sieg bedeutet.

11. Tumor und Krebs

Lange, bevor seine wahre Natur den Ärzten bekannt war, hatte der Tumor seinen Namen erhalten. Das Wort Tumor kommt von tumere = schwellen.

Entzündete sich irgendeine Stelle am Körper, so wurden zur Beschreibung ihres Äußeren vier lateinische Wörter verwandt: tumor = Geschwulst; rubor = Röte; calor = Hitze oder örtliches Fieber und dolor = der begleitende Schmerz.

Wiewohl später bekannt wurde, daß der Tumor nichts mit Entzündung zu tun hat, blieb doch die Bezeichnung bestehen. Sie wird nun auf alle Formen von „Auswüchsen" angewandt, die in ihren Anfangsstadien in oder am Körper eine Schwellung verursachen.

Für Laien ist es vielleicht etwas Neues, daß zwar jede Krebsgeschwulst ein Tumor, nicht aber jeder Tumor ein Krebs ist. Man spricht nämlich sonst vom Krebs als bösartigem Tumor schlechthin. Die meisten übrigen Geschwülste heißen gutartig, soweit man sich überhaupt so etwas wie einen Tumor als gutartig vorstellen kann. Diese werden als gutartig betrachtet, weil sie nicht unmittelbar tödlich wirken, außer, wenn sie auf eine andere Körperstelle schädlichen Druck ausüben. Ein gutartiger Tumor wächst an jedem Gewebe und bildet sich aus Zellen der gleichen Art, wie die Körperstelle, an der er sich zeigt. Deshalb gibt es von gutartigen Tumoren so viele Arten, wie es verschiedene Arten von Körper-Geweben gibt.

Aus irgendeinem Anlaß, den die Naturwissenschaft bisher noch nicht völlig geklärt hat, beginnen ausgewachsene Zellen einer bestimmten Stelle plötzlich, wild und ungeregelt zu wachsen, vermehren sich zu selbständigen Gebilden ohne spezifische Funktion, werden bald den Parasiten ähnlich, die ihre Nahrung aus dem Mutterboden ziehen. Entsteht solche

Geschwulst an einer Drüse, so besteht sie aus Drüsenzellen; am Knochen aus Knochenzellen, am Muskel aus Muskeln und Sehnen.

Bei Frauen ist ein Tumor am Uterus häufig, der, weil die Innenschicht dieses Organs aus Muskeln besteht, auch „Muskelgeschwulst" oder „Myom" heißt. Fettgeschwülste bilden sich unter der Haut im Nacken, an Arm oder Hand, es sind flache Gebilde, nicht direkt Ablagerungen von Fett, sondern vielmehr Geschwülste aus Fettzellen, die „lipoma" heißen. Die Endung „oma" bedeutet Geschwulst, Tumor. Manchmal bilden sich Hohlräume, die sich mit Ausscheidungen der umgebenden Häute füllen – man kennt sie als Cyste oder Polyp; sie sind mit trüber Flüssigkeit gefüllt.

Ein gutartiger Tumor scheint meist in solchen Geweben aufzutreten, in denen die Spannung gesteigert, infolgedessen der Kreislauf gestört ist. Dort, wo das Blut die Gewebe nicht in normalem Rhythmus durchströmen kann, werden Ausscheidungen nicht völlig abgestoßen. Sie stauen sich auf. An Körperstellen, die Bewegungen ausführen, geschieht dies weniger häufig als dort, wo eine solche Stauung den geringsten Schaden tun wird und am wenigsten im Wege ist. Immer erkennt man, daß eine wunderbar schirmende Weisheit am Werk ist, um unseren Leib vor ärgstem Schaden zu bewahren. Haben die Zellen nicht genug Kraft, oder finden sie den „Abzugskanal" verstopft, so schieben sie diese Ausscheidungen zur Seite. Die schirmende Weisheit aber sorgt nach Möglichkeit dafür, daß sie dorthin geschoben werden, wo sie am wenigsten schaden können.

Manchmal denke ich an den Körper in solchen Begriffen, wie sie eine gute Hausfrau anwendet. Fühlt sich eine tüchtige Hausfrau eines Morgens besonders frisch, so scheuert sie das Haus kraftvoll von vorn bis hinten, bis innen und außen alles glänzt; an Tagen aber, an denen sie sich nicht recht wohl fühlt, mag sie sich wohl dessen schuldig machen, den Schmutz in eine Ecke zu fegen oder wohl gar unter den Teppich. In meiner Kindheit stand zu Haus auf unserer Farm in der Küche ein riesiger Herd. Er hatte oben doppelte Wärmröhren. Auf die eine Seite pflegte Mutter Brot und Brötchen zum Gehen zu stellen, zu anderen Zeiten brauchte sie sie zum Wärmen des Essens für die Mahlzeiten. Die andere Hälfte des Herdes blieb Vaters Geschäftspapieren vorbehalten, solchen Briefen und Rechnungen, die er im Augenblick gerade nicht einzusehen brauchte. Das erschien Mutter als idealer Platz, wo die Papiere sicher und keinem im Wege waren. Genau das tut der Körper. Er schiebt etwas in irgendeine Ecke, wo es nicht allzusehr im Wege ist und den geringsten Schaden anrichten wird; solange: bis er genug Kraft zum Hausputz hat und es loswerden kann. Medizinische Jahrbücher berichten von zahlreichen Fällen, in denen solch gutartiger Tumor plötzlich geheilt wurde oder vom Körper abgestoßen, wenn der Kranke einen völligen Wechsel seiner Umgebung und seiner Lebensumstände erfahren hatte. Freiwerden von Furcht und Sorgen, Luftveränderung, günstigere Vorbedingungen für Lockerung und ungehemmten Blutkreislauf lösen die Spannung; und wir wissen um Fälle, in denen der Körper abstößt, was ihm fremd. Ein Tumor mag ganz abgestoßen werden oder teilweise und in Stücken. Auch mag er vom Blutkreislauf aufgesogen werden, wenn dieser aktiver und normaler wird.

Wenn wir sagen, solches kann durch Macht des Gebetes vollbracht werden, so behaupten wir nichts, was die medizinische Welt für unmöglich erklären würde; denn es sind Beispiele berichtet worden von Fällen, bei denen die Vorbedingungen im Leben des Menschen es dem Körper ermöglichten, sich selbst zurechtzuhelfen. Ärzte pflegen dann zu sagen, die Natur vollbringe ein natürliches Werk. Sie wenden den Ausdruck Natur an, wir wenden Namen und Macht Gottes an. Was wir behaupten, ist, Gottes Macht in der Natur ist wundersam ansprechbar.

Das Wort psychomatisch war uns noch unbekannt, als 1940 Glenn Clarks kleine Schrift erschien: „Wie durch Gebet Gesundheit zu erlangen ist“; ihr Verfasser aber hatte bei Behandlung so vieler Menschen hinter all den Mißbildungen, die er täglich zu sehen bekam, viele seelische Ursachen entdeckt. Eine Frau, die ihn wegen Anschwellung der Schilddrüse und wegen eines Tumors konsultierte, warnte er vor ihrer Sehnsucht nach unausführbaren Taten. Er riet ihr, jedes zwingende Verlangen, das ihr Enttäuschung und Hemmungen bereiten könne, zu entwurzeln. Er wies darauf hin, „solche Schwellungen bedeuten sehr oft nichts anderes als einen stark entwickelten Minderwertigkeitskomplex – eine krankhafte Sucht, auf das zu blicken, was andere geleistet haben, voll sehnsüchtigen Bedauerns über die eigene Schwäche."

Eine andere Frau kam aus Oklahoma zu ihm auf dem Wege zur Mayo-Klinik in Rochester. Dort wollte sie sich einen Tumor operieren lassen, den sie als bösartig fürchtete. Er fragte sie, ob sie gegen irgendwen erbitterte Gedanken hege. Beim anschließenden Gespräch erkannte er als Zuhörer, daß sie auffallend frei war vom Gefühl des Gekränktseins. Gegen niemand hegte sie Übelwollen. Die Operation war beschlossen worden, ehe sie Dr. Clark konsultiert hatte; aber es war ihr ein Trost, daß er ihr sein volles Zutrauen dazu aussprach, der Tumor würde sich als gutartig und nicht als bösartig herausstellen. Eine Woche später bestätigte ein Brief seine Prognose; die Chirurgen hatten nur eine geringe und ganz gutartige Geschwulst festgestellt.

Wenden wir uns dem bösartigen Tumor zu, so finden wir als zugrunde liegende seelische Ursache noch mehr Anzeichen von Verdrängung und Enttäuschung, hier aber im Zusammenhang mit unterdrücktem Widerwillen, Erbitterung und Auflehnung.

Diese Empfindungen werden selten ausgesprochen, aber im Herzen bewahrt; sie zehren wie ein Krebs. Männer und Frauen mit solch gefürchteten Geschwülsten haben oft einen sanften, liebenswürdigen Charakter. Sie tun vorsätzlich keinem anderen weh, deshalb erdulden sie viel um ihrer Lieben willen; eben dadurch aber gestatten sie kleinen Kränkungen, in ihrem Innern zu wachsen in einer Atmosphäre geheimen Widerstrebens.

Hochgradig bösartige Geschwülste werden durch hochgradig bösartige Gefühle und Gedanken mobilisiert, wie ich sie wohl in Erinnerung habe von mehreren Patienten, die ich bis ganz zuletzt behandelte. Bei vielen von ihnen überraschte und erschütterte mich die Entdeckung schwelender Erinnerungen an Ungerechtigkeiten und Entwürdigungen, die sie jahrelang erduldet hatten. Dies kam erst ans Licht, nachdem sie Mut gefaßt hatten, ihre Lasten bei mir abzuladen. Da war bittere Eifersucht, derer sie sich oft schämten, und tiefwurzelnde Auflehnung gegen Gott bei sonst echt religiösen Menschen: denn sie konnten nicht fassen, wie Er hatte zulassen können, daß sie so mißbraucht, so gequält würden, während sie nur um der Liebe willen jedes Opfer brachten.

Im Unterschied zur gutartigen Geschwulst bildet sich ein bösartiger Tumor nicht aus Zellen, die normalerweise im Körper des Erwachsenen vorkommen. Wir sprechen jetzt ausschließlich vom echten Krebs. Hautkrebs gehört in eine andere Kategorie. Manchmal wird er als „Übersteigerte Warze" bezeichnet. Beim echten Krebs aber bieten die Zellen ein seltsames Phänomen dar. Sie haben sich aus solchen Zellen gebildet, wie sie einzig beim Embryo vorkommen, beim wachsenden Körper des Kindes im Mutterleibe. In der wissenschaftlichen Welt hat noch niemand eine befriedigende Erklärung dafür geben können, warum solche Embryozellen plötzlich in einem fertigen, ausgewachsenen Körper auftreten.

Beim Rückblick auf den Biologie-Unterricht der höheren Schule erinnere man sich der ersten Stufen des Wachstums im befruchteten Ei. Da gab es eine Teilung in 2, 4, 8, 16, 32, 64 usw. Teile, ansteigend zu astronomischen Zahlen, bis eine kugelige Masse entstanden war, in der die Gestalt des Leibes sich abzuzeichnen begann. Diese ersten runden Zellen stellen die jüngste bekannte Form des Protoplasmas dar; deshalb wachsen sie am schnellsten. Das schädliche Gebilde, das aus diesen primitiven, runden Zellen besteht, heißt Sarkom, die raschest wachsende Form von krebsartigen Geweben. Oft spricht man von rundzelligem Sarkom. Melano-Sarkom kommt oft an Stellen von Hauterhöhungen von dunkelwarziger Art vor. Auch dies wächst schnell. Die meisten Sarkome treten an Knochen auf oder an den verschiedenen Öffnungen des Leibes.

Die langsamer wachsende Form der Krebsgeschwülste ist

das Karzinom. Statt der runden finden wir dort zylindrische Zellen; sie vermehren sich langsamer. Beim Entwicklungsprozeß des Embryo werden die runden Zellen zu zylindrischen, dann differenzieren sie sich in die besonderen Zellen für Drüsen, Knochen, Muskeln, Nerven usw. Bei den Karzinomen sehen wir gleiche regellose Gebilde ohne Maß oder Sinn wachsen. Sie vermehren sich ohne Nervenversorgung, ohne recht gestaltete Blutgefäße oder sonst irgend ein Anzeichen einer Funktion; sie ziehen ihre Aufbaustoffe aus dem Mutterboden, aus dem sie sich nähren. Nach und nach verliert der krebskranke Mensch an Gewicht. Er wird schwach und magert ab. Das Tumor-Gebilde erhält in seinem Geschwulst-Kern nicht genug Nahrung, um die wuchernden Zellen am Leben zu erhalten; sie zerfallen. Die wie durch eine Infektion ausgestreuten Krebszellen wandern die Lymphbahnen entlang und siedeln sich hier und dort an näheren und entfernten Stellen als zerstörende Tochterkolonien an. Eine Art von bösem Gift ist ins Blut gedrungen, und die Haut nimmt bald die kennzeichnende kürbisähnliche Farbe an, die wir Kachexie nennen, eine durchsichtige graugelbe Blässe, die charakteristisch ist. In die Lymphdrüsen dringen jene regellosen Zellen ein, die dann durch Wucherungen von innen her zerstört werden.

In psychomatischer Sicht taucht folgende Frage auf: warum sollte plötzlich ein völlig erwachsener, voll ausgereifter Körper versuchen, in seinem eigenen Innern einen neuen Körper zu bilden? Denn das ist es, was hier geschieht. Embryonale Zellen beginnen, außerhalb vom Uterushohlraum ein Pseudokind zu bilden, das dem mütterlichen Körper die Nahrung entzieht; bis in Wahrheit der ältere Körper verhungert ist um jener parasitären Geschwulst willen, die sich in ihm entwickelt.

Was hat der Körper vor?

Welchem mächtigen Antrieb folgt er?

Eine Theorie über Tumor und Krebs stellte vor Jahren ein Arzt*) auf. Seiner Meinung nach liegt hier eine Art Hem-

*) Dr. Georg Crile aus Cleveland, USA.

mung vor, der der Körper mit einem Versuch zu neuem Aufbau begegnet. Am häufigsten treten Tumor oder Krebs bei Frauen an der Brust, am Uterus und an den Eierstöcken auf, bei Männern auffallend häufig am männlichen Glied und dessen Umgebung. Nach dieses Forschers Meinung sei hier vielleicht eine biologische Funktion nicht erfüllt worden, Frauen sei vielleicht die Mutterschaft versagt geblieben; bei Männern und Frauen sei vielleicht eine Funktion nicht voll erfüllt oder der Wunsch nach einer Liebesbezeugung unterdrückt worden.

Diese Ansicht schien eine Stütze zu finden durch mehr oder weniger erfolgreichen Gebrauch von Testosteron, dem männlichen Hormon, als Einspritzung für krebskranke Frauen. Bei Behandlung ähnlicher Geschwülste am Zeugungsorgan von Männern erwies sich das weibliche Hormon als gleich wirksam, doch nicht in allen Fällen. Verdrängung auf irgendeinem schöpferischen Gebiet mag den Anstoß zu solcher Art regelloser Geschwülste gegeben haben; ein ersticktes Verlangen nach Ausdruck in Musik, in bildender Kunst oder Dichtkunst, oder die Verdrängung eines tiefen Verlangens nach Vollbringen einer besonderen Aufgabe im Leben.

In Rufus Moseleys Buch: Offenbarer Sieg („Manifest Victory") ist hierzu eine passende Geschichte zu lesen. Er erzählt da von einem Manne, den er sein ganzes Leben gekannt hatte: dieser sei etwa im Alter von 60 Jahren an Tuberkulose und Krebs tödlich erkrankt. Rufus war gerufen worden. Als er am Bette seines Freundes saß, fragte er: „Hattest Du nicht als junger Mensch ein hohes Ziel, dem du hast entsagen müssen?" „Ja", war die Antwort, „ich wollte in die äußere Mission gehen und mein Leben im Dienste Jesu Christi hingeben." „Und was geschah dann?" „Nun, ich heiratete und übernahm die Verantwortung für eine Familie. Bei der Verpflichtung für Haus und Kinder mußte ich meiner Sehnsucht entsagen."

„Ist diese Sehnsucht je in dir wirklich erloschen?"

„Nein", gab er zu, „nein, ständig brannte sie in mir wie eine Flamme."

Aus einem Vorwissen heraus, wie es Gottesmännern wird, stellte ihm Rufus Moseley die eindringliche Frage: „Wenn du heute wieder gesund würdest, würdest du noch ausziehen und deinem Herrn weihen, was dir von deinem Leben bleibt?"

Als ohne Zögern die Antwort erfolgte: „Ja, ja, das würde ich", sprach Rufus Moseley mit der Überzeugungskraft seines unbedingten Glaubens: „dann wirst du gesund werden; zu dieser Stunde wirst du geheilt sein. Die Geschwulst in deinem Körper wird zum Stillstand kommen. Die Tuberkelbazillen werden abgetötet werden. Du wirst dich von diesem Lager erheben und ausgehen, das zu vollbringen, was deines ganzen Lebens Sehnsucht war."

Und er vollbrachte es. Mehrere Jahre lang versah er seinen Dienst, völlig gesund, frei von Tuberkulose und Krebs. Verdrängung einer tiefen Sehnsucht, Unterdrückung eines starken Verlangens waren bei ihm die Antriebe gewesen, die seinen Körper zu dem Versuch veranlaßt hatten, ein neues Leben aufzubauen – eben das Leben, das ihm versagt worden war.

In meinem Buche „Was Jedermann sucht" steht ein Bericht über Alice Newton aus Leavenworth, Kansas, die augenblicklich geheilt worden war von einem Zustand, den der Arzt für Leberkrebs erachtete. Indessen lagen keine Ergebnisse von Laboratoriums-Untersuchungen zum Nachprüfen vor, und wir haben oft den Wunsch geäußert, eine andere, gleich wunderbare Heilung sehen zu dürfen, die durch klinische Berichte bestätigt werden könnte. Dies Gebet wurde erhört; der Verlauf der Heilung dieses Knaben illustriert das, worüber wir sprechen, dramatischer, als ich es zu sagen vermöchte. Der Knabe, den ich Hansi nennen will, bekam mit vier oder fünf Jahren schreckliche Kopfschmerzen und starkes Erbrechen. Wir waren sicher, daß diese Symptome auf eine Hirngeschwulst hinwiesen. Doch ehe wir ihn erreichen konnten, war er in die Klinik gebracht worden, wo der Chirurg operierte, um den Tumor zu entfernen. Über der Basis des Gehirns wurde eine ausgedehnte Krebsgeschwulst gefunden. Sie konnte aber nicht entfernt werden, weil zu viel vom Hirngewebe ergriffen war. Der Chirurg verschloß deshalb provisorisch die Operationswunde und gab dem Knaben nur noch 12 bis höchstens 24 Stunden zu leben.

Da wir die Familie des Knaben kannten, waren wir auch im Bilde über dessen Mutter; eine Frau, die ihren Kindern alle Sorgfalt angedeihen ließ, sie sauber hielt und gut ernährte, alles tat, was der Kinderarzt ihr zu tun anriet, niemals aber ihrer Zuneigung zu den Kindern in Zärtlichkeiten Ausdruck gab. Wohl waren sie ihr lieb; sie hatten aber keine Möglichkeit, sich dieser ihrer Liebe zu vergewissern.

Hansi war ein außerordentlich zärtliches Kind. Da ihm die Liebe versagt blieb, die er als Hilfe zum Wachstum gebraucht hätte, war er zu klein geblieben und sehr zart. Als wir den Bericht über die Operation hörten und die Prognose des Chirurgen, sagten wir zu Hansis Großmutter, die zuerst unsere Hilfe erbeten hatte: „Es gibt nur eins, das wir tun können. Wir müssen beten, daß ein Weg sich öffne, diesem Kind die Liebe zu bringen, nach der sein Herz sich verzehrt und die ihm versagt wurde. Kann sie ihm sofort zuteil werden, so mag die Geschwulst in seinem Körper zum Stillstand kommen, und er kann gerettet werden. Verlieren Sie nicht den Mut", sagten wir ihr, „beten Sie."

So beteten wir, und alle unsere Freunde beteten. Die Pflegerin, die Hansi während der Operation betreut hatte, war vom Abendessen an dienstfrei. Aus der Klinik wurde in der ganzen Stadt herumgefragt nach einer Pflegerin, die sie für die Nacht vertreten könnte. Endlich hatte man Erfolg. Die Pflegerin, die kam, war Mutter eines Kindes etwa in Hansis Alter, eines kleinen Mädchens, von dem sie seit vielen Wochen getrennt war. Während sie für ihren Unterhalt arbeitete, verwahrte ihre Mutter die Kleine. Als sie beim Eintritt in Hansis Zimmer erfuhr, seine Eltern wären gebeten worden, nicht zurückzukommen, sie würde also die Nacht mit ihm allein bleiben, überkam sie eine so tiefe Sehnsucht nach ihrem eigenen Kinde, daß sie den Knaben aufnahm, ihn in eine leichte Decke hüllte und sich mit ihm ans Fenster setzte.

Sanft hatte sie sein zartes Körperchen in den Armen, während sie ihn lieb hielt, ihn liebkoste, ihm vorsang, wie sie ihrem eigenen kleinen Mädchen gesungen haben würde. Als wäre er ihr Kind, so ließ sie ihr verschmachtetes Herz seinen ganzen Reichtum an Mutterliebe über ihn hinströmen.

Gegen Mitternacht fühlte sie eine Veränderung in Hansis Körper. Sie berichtete uns später über ihr Erlebnis: „Ältere Pflegerinnen hatte ich schon von wunderbaren Heilungen erzählen hören, die sie gesehen hatten; daß ich aber Ähnliches erleben würde, hätte ich nie geträumt. Während ich Hansis kleinen Körper an mich hielt, wußte ich, etwas war geschehen. Sein Körper war nicht länger eine schwere, tote Last in meinen Armen. Er wurde seltsam leicht, kaum wußte ich, was ich tun sollte. Das Herz stand mir still. Sanft legte ich ihn aufs Bett; er rollte sich auf die Seite und fiel in natürlichen Schlaf. Ich zog meinen Stuhl nahe ans Bett und saß bis zum Morgen neben ihm, seine Hand in meiner. Bei Morgengrauen erwachte er und schien mehr wie ein Kind in normalem Zustand. Ich brachte ihm zu essen, was er zu sich nahm, ohne zu erbrechen."

Hansi blieb am Leben. Ihre Liebe hatte das Werk vollbracht. Sie entsprach einem tiefen Verlangen seines Leibes. Die Geschwulst war zum Stehen gebracht. Monatelang freilich war sein Kopf noch nicht schön anzusehen. Er konnte weder sehen noch sprechen. Weder Arme noch Beine konnte er gebrauchen; nach und nach aber kam die Sehkraft zurück, danach der Gebrauch der Hände. Der Kopf nahm an Umfang ab, langsam wuchs die Wunde zu. Um die Stelle zu bedecken, wurde etwas Haut verpflanzt, später heilte sie völlig. Die Geschwulst wurde abgestoßen oder nach und nach aufgesogen, während der Kopf seinen normalen Umfang wiedergewann, und kein Anzeichen wies weiterhin auf einen Druck. Später kam ihm die Sprache zurück, und etwa ein Jahr danach konnte er wieder gehen. Mehrere Monate blieb die Pflegerin bei ihm. Dann wurde der Vater, der das Verlangen des Kindes nach Zärtlichkeit fühlte, ihm Pfleger und Kamerad, er stillte sein Verlangen nach Zärtlichkeit. Die

Klinik bewahrt die Aufzeichnungen über seinen Fall mit der Diagnose der Gewebeprobe, die zur Untersuchung ins Laboratorium gebracht worden war, und mit der Prognose des Chirurgen. Dies war die Erfüllung unseres Wunsches.

Ein weiterer Bericht scheint hierher zu gehören, und wir sind sehr glücklich über die Erlaubnis, hier davon Gebrauch machen zu dürfen. Diese Freundin, die ich Marie nennen möchte, ist Mitglied der CFO-Gruppe*) im Osten. Sie hatte zwei schwere Operationen hinter sich wegen bösartiger Geschwulst. Beide Brüste waren ihr abgenommen worden im Abstand von einem Jahr. Als wir später bei ihr im Hause waren, erzählte sie von diesen Operationen, und es kam uns schwer glaublich vor, daß sie etwas Derartiges durchlitten hatte, so strahlend gesund sah sie aus.

Sie erzählte uns ihre aufschlußreiche Geschichte.

„Nachdem mir beide Brüste abgenommen waren", sagte sie, „fürchtete ich noch immer die Wiederkehr bösartiger Krankheit. Stets lauerte dieser Gedanke im Hintergrunde meiner Seele. Dann ging ich in ein CFO-Lager, wo Luise Egglestone sprach; sie sagte uns: reinigten wir uns von jedem Gefühl des Gekränktseins und der Erbitterung; verbannten wir aus unserem Herzen jedes Gefühl, das nicht Liebe ist; so würden wir Krebsschäden niemals wieder zu fürchten brauchen, selbst dann nicht, wenn wir daran gelitten hätten und daran operiert wären.

„Ich kam aus dem Vortrag", fuhr sie fort, „und wartete, bis Mrs. Egglestone herauskäme. Ich sah in ihre ehrlichen blauen Augen und stellte die Frage: ‚Denken Sie, ich brauchte mir niemals mehr darüber Sorgen zu machen, wenn ich nur diese gehässigen, niederdrückenden Empfindungen überwinden kann, die ich im Herzen getragen habe?' Ihr Blick wankte nicht, als sie mir antwortete: ‚Ich denke, niemals!"

Als ich nach Hause gekommen war, sank ich auf die Knie, zutiefst bußfertig, und bat Gott, Er möge alles das von mir

*) THE CAMPS FARTHEST OUT = Gemeinschaftsgruppen für religiöse Meditation (d. Ü.).

nehmen, was vielleicht zum Schaden meines Körpers auf ihn ausstrahlen würde. Ich wußte, was ich getan hatte. Ich hatte geglaubt, diejenige zu sein, die das Beste für meine Familie erkennen würde. Meinen Schwiegersohn konnte ich durchaus nicht leiden; nachdem ich schon früher Pläne für meine Tochter und deren Zukunft gemacht hatte, die ich nun als prahlerisch erkenne. Ich war sehr enttäuscht über die Heirat meiner Tochter, obgleich ihre Ehe sie ungemein glücklich gemacht hatte. Es wurde mir klar, ich hatte den Versuch gemacht Gott zu spielen, und hatte dabei mich selbst an den Rand des Grabes gebracht. Ich bat Jesus Christus mir zu helfen, dies alles aus mir fortzunehmen, und Er tat es. Ich fühlte, alles war vergeben, ich war durch und durch rein geworden."

Wir verließen ihr Haus und kamen zwei Monate später nach Merrybrook. Da kam ein Anruf von Marie, die unsere Hilfe im Gebet erbat. Wir wunderten uns. Nachdem wir ihre Geschichte gehört hatten, konnten wir kaum glauben, daß ihr etwas Ernstliches zugestoßen sei. Es folgte ein Brief, und wir lasen, was sich ereignet hatte. Der Arzt, von dem sie operiert worden war, hatte sie eines Tages getroffen und sie gebeten, zur Nachschau der Narben gelegentlich bei ihm vorbeizukommen. Sie kam in sein Sprechzimmer; er fand im Gewebe der Narbe an einer Brust eine sehr kleine rote Beule. Sofort bestand er darauf, sie sollte in die Klinik kommen, um eine Probe des Gewebes untersuchen zu lassen. Sehr befehlend sagte er es und legte ihr ans Herz, ja keine Zeit zu verlieren. „Sie werden aber nichts Bösartiges finden", versicherte sie ihm, und er wußte nicht, sollte er sich darüber ärgern oder lachen; jedoch sein Ton war vorwurfsvoll, als er fragte: „Seit wann wissen Sie darüber so genau Bescheid?" Sie indes wahrte ihren Standpunkt und erwiderte: „Ich weiß, Doktor, Ihnen kommt es anmaßend vor, aber dennoch weiß ich, ich habe nicht in einer solchen Seelenverfassung gelebt, die Bösartiges hervorbringt – Kopf und Herz habe ich von schädlichem Denken gereinigt, da ist nichts mehr, was meinen Körper veranlassen könnte, einen neuen bösartigen Tumor hervorzubringen."

Aufs höchste erstaunt und ungläubig sah er sie einen Augenblick an, sagte dann aber das eine, was sie veranlassen konnte, in die Klinik zu gehen. Er forderte sie durch die Frage heraus: „Sind Sie bereit, Ihre Theorie einer Probe zu unterwerfen?"

Ihr Brief erklärte uns, sie sei auf dem Wege zur Klinik sicher gewesen, daß nichts Beunruhigendes gefunden werden würde. Eine Probe wurde genommen und ins Laboratorium geschickt. Als die Untersuchung negativen Befund ergeben hatte, kam der Arzt, setzte sich an ihr Bett und rief: „Nun, sagen Sie mir, was bedeutet das alles?"

Sie berichtete ihm, und, als sie fertig war, sagte er sehr ruhig: „Ich glaube, Sie sind der Ursache nähergekommen als irgendeiner von uns. Jedenfalls haben Sie es sich selbst bewiesen, und Sie haben es mir bewiesen. Wollte Gott, daß alle, die in diesem Zustand herkommen, lernen könnten, was Sie erlernt haben, und tun, was Sie getan."

Und, Ihr Lieben, ich glaube, dies ist das Gebet jedes Arztes und Naturforschers, der wahrhaft aufrichtig ist:

„Wollte Gott, Sie könnten für sich die Ursache finden und sie beseitigen; denn, es scheint, wir wissen nicht, wo sie zu finden wäre."

Marie war bereit gewesen, sich selbst ins Auge zu sehen, ihre Fehler einzugestehen und Gottes Hilfe zu ihrer Tilgung zu erbitten; ihres Vertrauens Lohn war der Sieg.

12. Überanstrengung

Jemand schrieb: Überanstrengung sei „die Krankheit des großen Mannes aus der Mitte des 19. Jahrhunderts".

Wir brauchen nur an zwei Präsidenten aus der Kriegszeit zu erinnern. Wilson und Roosevelt – um die Bedeutung hoher Spannung einzusehen und die noch größere Wichtigkeit davon, sie zu vermeiden. Vom Präsidenten wurde James Forrestal als „Kriegsopfer" bezeichnet. Die Ärzte im Marinehospital Bethesda aber meinten, „er litte an Arbeitsmüdigkeit". Dieser Ausdruck führt irre. Genau genommen ermüdet nicht die Arbeit; vielmehr macht die Spannung krank, unter der die Arbeit getan wird.

Sagt ein Arzt heute nach einer Untersuchung: „Wir können an Ihrem Körper keine Krankheit finden; aber Sie müssen ausspannen und aus der vordersten Linie zurückgehen", dann ist die natürliche Frage: „Was ist denn nun bei mir nicht in Ordnung, daß die Ärzte mich für entbehrlich erklären?"

Was fehlte denn den Präsidenten der Kriegszeit? James Forrestal und Ernest Bevin hatten es; Stalin hat es*); seine Opfer sind die leitenden Männer Frankreichs, Italiens und vieler anderer Länder; selbst Wyszinski hat es in Form eines Geschwürs am Zwölffingerdarm, das ihn viel ärger aufbringt als die Diplomaten kapitalistischer Staaten.

Attlee, seit Jahren in ärztlicher Behandlung, bleibt nach einer hitzigen Konferenzsitzung oft tagelang zu Bett. Man weiß, einmal arbeitete er monatelang vom Bett aus und hielt sehr strenge Diät wegen eines Geschwürs am Zwölffingerdarm. Schon früher hatte er in der Klinik gelegen wegen eines Ekzems am Fuß, das die Ärzte auf nervösen Ursprung zurückführten.

*) Die englische Ausgabe dieses Buches erschien 1952 (d. Ü.).

Bei einem Diner des Presse-Clubs für Übersee erklärte der General George C. Marshall, „Geschwüre haben einen erstaunlichen Einfluß auf die Geschichte unserer Zeit ausgeübt. In Washington hatte ich unter anderem mit den Geschwüren von Bedell Smith in Moskau zu kämpfen, sowie mit denen von Bob Lovett und Dean Acheson.“ Starke nervöse Anspannung verursacht Geschwüre, gespannte Nerven verursachen Nervosität und vielerlei nervöse Störungen. Es ist richtig, daß es Störungen gibt, die auf besondere Zustände der Nerven zurückzuführen sind, die aber nennen wir nicht Nervosität. Bei der Neuritis ist die Hülle oder Decke der Nerven entzündet. So drücken die geschwollenen Gewebe auf den Nerv und rufen längs der ganzen Nervenbahn Schmerzempfindungen hervor. Ischias ist häufig auch eine Neuritis und zwar des längsten Nervs im Körper, der, von der Gegend des Hüftgelenks ausgehend, am Bein entlangführt bis zur Ferse. Mag auch auf eine noch so kleine Stelle Druck ausgeübt werden, so verbreitet sich der Schmerz bis zu den äußersten absteigenden Nervenenden.

Nicht nur Schwellung oder Entzündung, sondern jeder Druck, der die Muskeln anspannt, verursacht ein Zusammenziehen, so daß der Nerv in Abwehr aufschreit. Doch braucht der Nerv selbst in seiner Struktur nicht im geringsten betroffen zu sein.

Nerven sind isolierte Drähte, die Nachrichten und Reize weiterleiten wie Telephon- und Telegraphendrähte. Bei dem Zustand, der meist als Nervosität bezeichnet wird, ist das Nervengewebe völlig unversehrt. Da Nervosität nur Symptom ist für den Anteil des Empfindungslebens sowie für Überanstrengung, so erweist sich unsere Untersuchung der Nervenzustände und der Nervosität als Untersuchung über seelische Spannungen und über das Bemeistern solcher Empfindungen, die zu Überanstrengung führen.

In unserer modernen Welt ist die Spannung wahrscheinlich größer als jemals früher. Wahrscheinlich gibt es mehr Zustände von nervöser Erschöpfung, mehr Nervenzusammenbrüche, höheren Blutdruck, Störungen der Herztätigkeit und des Herzkranzgefäßsystems als je vorher. Viele Krankheiten sind auf solchen verkrampften Zustand von Nerven und Muskeln zurückzuführen. Mit unseren Verkrampfungen würgen wir uns selbst. Sie halten uns am Genick, buchstäblich; denn die Mehrzahl der unter Spannung leidenden Menschen klagt über Versteifung im Nacken. Die Überanstrengung der Augen durch zu vieles Lesen und das Arbeiten zu dicht am Auge bei ungenügendem Licht ermüdet die Muskeln des Augapfels. Oft werden die Nackenmuskeln steif und verquollen, als ob der Kreislauf nicht ausreichend funktionieren würde. Beobachtet doch einen Menschen mit hohem Blutdruck! Er hat Anlage zu Starre und Versteifung am Kopf und zu häufigen Kopfschmerzen, Schwindelanfällen, Sehstörungen und Ohrensausen bei zunehmenden Versteifungszuständen. Das ist vielmehr Spannung und Verkrampfung als Nervosität. Preßt die Fäuste zusammen, so fest ihr könnt, und seht sie an. Betrachtet Zeigefinger und Daumen bei starkem Druck. Beachtet dort, wo das Blut gestaut ist, das dunkle Rot, und dort, wo es abgeschnürt ist, die weißen Streifen. Durch die Spannung ist der Kreislauf gestört. Fahrt ihr fort, die Fäuste zehn Minuten lang so straff wie möglich zu ballen, so wird die ganze Hand wehtun und zittern. Wenn ihr euch in den Schleimhäuten von Kopf und Hals solche Kreislaufstörungen vorstellt, so versteht ihr es, warum Menschen, die sich in Angst und Sorge versteifen, so häufig an Katarrhen leiden.

Überstarke Blutzufuhr in Schleimhäuten aller Art führt zu überstarken Ausscheidungen von dem, was jeweils gerade an dieser Stelle abgesondert wird. An gleicher Stelle bringt zu geringe Blutzufuhr verminderte Absonderung mit sich und verringert auch die Funktion. Katarrh bedeutet bei jeder Schleimhaut des Körpers unter anderem zu starke Absonderung von Feuchtigkeit oder Schleim. Wir sprechen von Katarrhen der Nasenbeinhöhlen, Stirnhöhlenkatarrh; der Bronchien, Bronchitis; der Magenschleimhaut, Gastritis. Die Nierenschleimhaut kann die Stelle sein, an der eine Stauung zu Nierenkatarrh führt, der Nephritis oder Brightsche Nierenkrankheit genannt wird; der überschüssig abgesonderte

Schleim ist eiweißhaltig (Albumen). Alle fettigen Schleimhautabsonderungen sind eiweißähnlich, zuerst durchsichtig und klebrig, werden dann dicker und trüber, wenn sie erwärmt und im Körper gehalten werden. Krankheitskeime finden leicht Einlaß, da bei solchen Vorgängen als erstes die Widerstandskraft der Schleimhäute abnimmt. Die dann dem Katarrh folgende Infektion und Entzündung trägt zum allgemeinen Mißbehagen bei. Der Krankheitskeim ist, im Gegensatz zur allgemeinen Ansicht, nicht so sehr die eigentliche Ursache als vielmehr ein „später zum ursprünglichen Tatbestand Hinzutretendes".

Laß es nicht zu, daß deine Empfindungen dich würgen und dich vom Lebensstrom abschnüren! Neigst du dazu, dir selbst leid zu tun und über deine eigenen Nöte und Sorgen zu grübeln bei zu großer innerer Ich-Bezogenheit, so schließe dich auf und schreite vorwärts! Öffne deines Geistes Tore weit, laß den Strom der Liebe Gottes hineinfluten! Das wird deinen Blutdruck erhöhen, wenn er zu niedrig ist; ihn senken, wenn er zu hoch ist. Das wird deine Stirnhöhlen öffnen oder die Nieren, und die Weisheit der Natur wird nun für gesunde Durchblutung und Belebung sorgen.

Du brauchtest nicht zu wissen, welche Diagnose die Schulmedizin dem stellt, was dich quält. Was liegt am Namen? Mag es der Magen sein oder das Lymphgefäß-System; mag es eine Unregelmäßigkeit im Verdauungsapparat sein; mag es sein, was jene brave Frau auf der Konferenz für Heiltätigkeit in Bynden Wood ihren „heiligen Flieder" nannte (englisch = sacred lilac, d. Ü.), womit sie „sacro-iliac", d. h. Kreuz- und Rückenschmerzen, meinte. In der Tat wären Orchideen, Flieder, Maiglöckchen ebenso am Platze; denn wir kurieren in der geistigen Heilweise nicht bloß an Einzelheiten oder an Symptomen herum. Wir arbeiten mit Gedanken, Gefühlen und Empfindungen.

Seit Generationen sind wir gewöhnt, dem Arzt unsere Krankengeschichte und alle Symptome aufzuzählen. Er bittet um solche Aufklärung, und wir geben sie ihm. In der geistigen Heilweise kehren wir die Methode um. Wir stellen, mit Ausnahme weniger seltener Fälle, keine Fragen. Wir suchen alles zu tun, was in unserer Macht steht, um chronisch Kranke von der langen Aufzählung ihrer Symptome und Leiden zurückzuhalten. Das ist schwierig; denn manche Leute, gnade ihnen Gott! – haben ein ganz vollständiges Wörterbuch ihrer Wehwehchens und ihrer Unglücksfälle. Ich sage, gnade ihnen Gott! Zwar ist ihre Not zu verstehen. Sie sehnen sich nach Beachtung und Hilfe. Aber, ihr Lieben, ständige Wiederholung von Sorgen macht nicht frei davon, und die Aufzählung von Schmerzen und Pein führt nicht zur Heilung. Der Krankheitsbericht bleibt im allgemeinen immer auf der Oberfläche. Eine tiefe Läuterung, eine Katharsis im Sinne völliger Reinigung des Unterbewußtseins ist etwas ganz anderes. Sie offenbart sich nicht leicht, sicher nicht beim Beginn einer Unterredung. Die wahre Ursache ist meist etwas, was der Patient instinktiv verbirgt oder worüber er selbst im unklaren ist.

Jeder von uns, die wir einen auf Heilung zielenden Dienst verrichten, würde die Leierkastenmelodie negativer Aufzählungen gern anhören, brächte sie nur wenigstens das gewünschte Ergebnis. Aus zwei Gründen aber wäre es sehr unklug, von uns aus zu solcher Krankheitslitanei zu ermutigen. Erstens halten Wiederholungen das alles im Bewußtsein des Patienten lebendig, was überwunden werden sollte, beeinflussen überdies noch stärker sein Unterbewußtsein. Zweitens werden dem Bewußtsein dessen, der Hilfe zu bringen sucht, Negativbilder aufgeprägt. Sie müssen erst ausgelöscht werden, ehe er darangehen kann, ein richtiges Bild vom „ganzen heilen Menschen" zu entwerfen. Ein großer Radiergummi muß oft hergenommen werden, sogar ein riesiger nasser Schwamm, um starke Negativ-Eindrücke auszulöschen. Es ist dann leichter, auf reiner Tafel mit dem Zeichnen eines solchen Bildes des Patienten zu beginnen, wie du ihn zu sehen wünschst und wie er selbst sich zu sehen wünscht.

Beim Rückblick auf die Jahre meiner Praxis erinnere ich mich wohl daran, wie ich fast wider Willen zu einer bestimmten Methode gelangte, ohne mir damals darüber klar zu sein, was ich tat. Ich wandte sie meist zur Selbstverteidigung an;

denn oft mußte man eine Stunde und länger einem langen Leidensbericht zuhören, der so langweilig war, daß ich mir ein Spiel angewöhnte. Mit einem Teil meines Bewußtseins hörte ich zu, während ich mir mit dem anderen Teil wiederholte: „So ist das nicht; so ist das nicht. So bist du ja gar nicht. Dir kommt alles schrecklich wirklich vor; es ist aber nicht das, wozu du erschaffen bist. Ich sehe dich als Prachtmenschen. Ich kann allerlei Leistungen sehen, die zu vollbringen du fähig wärst."

Solch Selbstgespräch pflegte ich fortzusetzen, während ich nur mit halbem Ohr aufnahm, was mir erzählt wurde. Ich hörte zu und schrieb Rezepte. Dann sah ich, es machte keinen großen Unterschied, was ich verschrieb. Nur mußte ich immer weiter die Patienten als solche sehen, wie sie – das wußte ich – sein könnten: nämlich, wenn ich dazu helfen konnte, sie von ihren niederdrückenden Vorstellungen zu lösen.

Nun werdet ihr geneigt sein zu denken: „Ach, sie taugte von Anfang an wenig als Ärztin; sonst hätte sie nicht zur geistigen Heilweise herübergewechselt." Ich kann nur sagen, aus einem oder anderem Grunde, vielleicht aus dem angeführten, wurden meine Patienten meist gesund.

Manchmal pflegte ich über ihre Befürchtungen zu lachen; ein andermal wieder mußte ich sehr zart und verständnisvoll sein. Ein oder das andere Mal mochte ich solche finden, die bereit waren, ehrlich ihre eignen Fehler einzusehen und ihre Haltung zu ändern. Nach und nach konnte ich sie von ihren Negativ-Leitbildern lösen und mehr auf positive hinarbeiten. Kranke genießen es häufig, sich am Rampenlicht zu erhitzen und daran, wie die Familie oft ihrem unbewußten Verlangen nach Beachtung begegnet. Für mich bestand das Problem darin, ihnen zu zeigen: erwiesen sie anderen Liebe und Beachtung, so würde ihnen größeres Glück zuteil werden im Rampenlicht des Dienstes. Durch diese Richtungsänderung eben wurden sie geheilt. Schier unglaublich waren oft diese Wandlungen.

Es ist nicht gefahrlos, Freunden und Fremden endlos die Geschichte von Krankheit und Not zu wiederholen, wie es manchen zur Gewohnheit geworden ist. Was wird dabei gewonnen? Das Vergangene fordert Gott von uns, und das zu Recht. Bei jedem Mal aber, bei dem wir die Negativ-Chronik wiederholen, erheben wir selbst Anspruch darauf und bewahren es als unser Eigentum.

Einmal hatte ich eine Patientin, die ihre Leber durch ganz Europa schleppte. Sie konsultierte keinen Arzt, sie insultierte ihn; denn sie wußte stets, was ihrer Leber fehlte; und stimmte der Arzt ihr nicht bei, so ging sie zu einem anderen.

Die Frau war hervorragend begabt, bewundernswert energisch dort, wo es galt, fördernden Zielen nachzustreben. Nachdem sie, ohne Heilung gefunden zu haben, nach Hause zurückgekehrt war, drangen nahe Freunde darauf: sie solle mich aufsuchen. Wieso irgend jemand darauf verfallen war, ich würde ihr helfen können – nachdem sie doch bei den hervorragendsten Fachleuten der ganzen Welt gewesen war –, das wüßte ich nicht zu sagen. Vielleicht meinte man, weil ich rundlich und vergnügt war, würde ich sie ein bißchen aufheitern.

Genug, sie kam; und, wie die meisten, erzählte auch sie mir ihre Geschichte von Anfang an. Die Tatsachen, die ich während ihrer Erzählung zusammenfügen konnte, zeigten mir ihren prachtvollen Körper, ihren hellen Geist, ihr gutes Herz. Deshalb saß ich still da, nachdem sie sich ausgesprochen hatte. Schließlich fuhr es ihr ungeduldig heraus: „Nun, haben Sie nichts zu sagen?“ Im stillen betete ich um Mut, dann tat ich beide Augen groß auf und gab es ihr. „Werden Sie nie müde, diese Grammophonplatte abspielen zu hören, die Sie da von sich selbst aufgenommen haben?“ fragte ich. Für einen Augenblick war sie sprachlos; dann geriet sie in Wut. Als ich ihr aber die Hände auf den Arm legte, lehnte sie sich zurück.

„Ich weiß“, seufzte sie, „Sie denken, ich sei eine Neurotikerin; und ich glaube selbst, das bin ich auch.“ „Ja“, stimmte ich ihr zu, „eine Neurotikerin sind Sie, jedoch ein Prachtexemplar! Alle Neurotiker, die ich je kennengelernt habe, übertreffen Sie; denn Ihr Geist ist klarer, Ihre Bildung höher, Ihre Phantasie lebhafter als bei all den anderen. Sie sind aber nicht krank. Ihrer Leber oder Ihrem ganzen Körper fehlt nichts. Für Sie besteht einzig die Not, Sie schalten den Rückwärtsgang ein. So fahren Sie rückwärts statt vorwärts. Sie müssen nur eines lernen, nämlich umzuschalten. Dann werden Sie zur gesunden, anziehenden, erfolgreichen Frau."

Diese Voraussage erfüllte sich hundertprozentig; und sie gehört seit Jahren zu meinen besten Freundinnen.

Unsere Leiber sind sehr fein gestimmte, empfindliche Instrumente; Meisterstücke in ihrem Mechanismus. Heilende Weisheit wohnt im Leibe, die erkennt, was nicht in Ordnung ist. Und, wird ihr Gelegenheit dazu geboten, so erkennt sie, wie es in Ordnung zu bringen ist. Alles wird der Leib für uns tun; uns gehorchen, uns dienen, uns heilen, wenn wir nur Verständnis für ihn haben, mit ihm zusammenarbeiten, ihn lieben. Wir müssen das Unsere tun. Wir müssen zusammenwirken.

Wenn der Schuh, den wir tragen, eine Stelle am Fuß solange reibt, bis sie empfindlich geworden ist, so veranlaßt der Leib an dieser Stelle eine Verdickung der Haut, die wir Kallus nennen. Schneiden wir sie mit einer Rasierklinge oder einem scharfen Messer aus, so arbeiten wir nicht mit dem Leibe zusammen. Wir zerstören nur noch mehr vom Gewebe und rufen an der Stelle stärkere Verdickungen hervor.

Zusammenwirken heißt verstehen, was dem Körper not ist; und, soweit wie möglich, es ihm verschaffen. Wechselt die Schuhe häufig. Entfernt den Druck an der empfindlichen Stelle und lenkt ihn auf eine andere. Wechselt die Schuhe mehrmals am Tage, pflegt sie sorgsam und seht darauf, daß der Fuß nicht wieder so etwas zur Verteidigung aufbauen muß. Ein Hühnerauge ist ein Kallus über dem Gelenk oder zwischen den Zehen. Verlegt die Druckstelle, und der Leib wird das Hühnerauge beseitigen; so gewiß, wie der Kaktus seine Stacheln fallen ließ, nachdem Burbank ihm die Notwendigkeit aus dem Wege geräumt hatte, sich dadurch zu schützen. Euer Leib ist sehr viel weiser als ein Kaktus!

Zu starker Druck auf das Nervensystem bei vielstündiger, pausenloser Arbeit bedeutet ein Überladen mit Hochspannung. Der Körper kann gerade so und soviel aushalten. Darüber hinaus legt er Protest ein, und etwas schreit nach Entlastung. Wie oft kamen Patienten zu mir und erbaten Stärkungsmittel, während sie vielmehr stundenlanges Ausruhen, Spazierengehen, Entspannung gebraucht hätten! Sie erinnerten mich an arme abgehetzte Pferde, die eine schwere Last einen langen Weg bergan schleppen; und die dann, fast auf der Höhe angelangt, vor Erschöpfung am Zusammenbrechen sind. Solch übermüdete Leiber mit Stärkungsmitteln aufzupeitschen, würde ihnen nicht mehr viel weiterhelfen. Ein paar Stunden Ruhe und Erholung aber könnten ihnen helfen, die Last zum Gipfel zu bringen.

Der Inhaber einer sehr besuchten Gaststätte kam zu mir mit einer langen Liste nervöser Störungen. Um jederzeit leicht erreichbar zu sein, hatte er seine Familie gegenüber seinem Betrieb untergebracht. Er aß im Vorbeigehen, niemals langsam, darum litt er an schlechter Verdauung, Sodbrennen, Darmverkrampfung, Herzklopfen, Kopfschmerzen und Schlaflosigkeit.

Als er mit seiner Aufzählung fertig war, versuchte ich mit ihm zu scherzen und sagte lächelnd: „Abgesehen davon, meinen Sie, sonst sei alles bei Ihnen in Ordnung?“ Er aber konnte zunächst auf keinen Scherz eingehen. Er fühlte sich zu schlecht. Und er bat um etwas, das ihn hochbringen sollte, weil er so heruntergewirtschaftet wäre. Auf meinem Schreibtisch stand eine kleine Uhr, die nicht gehen wollte, weil sie zu scharf aufgezogen worden war. Ich zeigte sie ihm und verglich ihn damit.

„Auch Sie sind deshalb erschöpft, weil Sie zu scharf aufgezogen wurden. Ihnen werde ich die gleiche Behandlung verschreiben, wie ich sie mit dieser Uhr vorhabe – das Werk mit Öl einfetten, sie hinlegen und ihr lange Ruhe gönnen.“ Er war ein sehr ansprechbarer Patient und hat später gar manches Mal herzhaft gelacht – über seine Uhrwerk-Behandlung, so nannte er es, wenn er seinen Freunden davon erzählte. Als er fünfzig Pfund an Gewicht zugenommen hatte und so gesund war, wie er nur konnte, wurden sie überzeugt, daß etwas dran war.

Da ist die Schlaflosigkeit. Wißt ihr, wieviel Geld die Einwohner dieses Landes jährlich für Beruhigungsmittel und Schlaftabletten ausgeben? Ich werde es euch nicht verraten, es ist zu entwürdigend. Wenn wir zu Bett gehen, tun wir es angeblich, um zu schlafen und unserem Körper Ruhe zu gönnen. In unserer auf den Kopf gestellten Welt aber gehen viele Leute zu Bett um nachzudenken. Den ganzen Tag lang jagen sie möglichst schnell umher, versuchen dabei, sich vom Denken fernzuhalten, haben keine Zeit, um sich etwas so Wichtigem zu widmen. In dem Augenblicke aber, in dem sie zu Bett gehen, wird damit begonnen.

Sie sind tatsächlich davon überzeugt, etwas in ihnen sei krank, sie erzählen, daß sie an einer Art Nervosität litten. Sie machen sich darüber Sorge, daß sie nervös sind. Je mehr sie sich sorgen, um so gespannter werden sie; und je gespannter sie sind, um so schwerer wird es ihnen, sich zu entspannen. Deshalb werden sie immer nervöser! O hätte man nur die Weisheit jenes Farbigen, der sagte: „Arbeite ich, so arbeite ich hart; sitze ich, so sitze ich bequem; und wenn ich Sorgen habe, so schlafe ich ein."

Statt dessen erreichen andere den Zustand, den Jesaja beschreibt: „Du bist voll Unruhe." Und ein anderer Weiser wußte, was solchen Zustand herbeiführt: „Ihr lieft Euch müde auf euren vielen Wegen und spracht nicht: ‚Laßt uns ruhen in Frieden!'"

Ein Zusammenwirken mit dem Körper wiederum wird überdies seinen Lohn bringen. Es gibt viele, die sich harte Zucht auferlegen im Hinblick auf die tägliche Ernährung. Aber sie schwelgen bedenkenlos in Reizmitteln wie Kaffee, Tee, Likör und Tabak. Viele, die an Schlaflosigkeit leiden, nehmen den Vorschlag übel, sie sollten ein geliebtes Reizmittel aufgeben. Freilich hält Kaffee nicht alle Leute wach, und nicht alle Leute bekommen Dauerhusten vom Zigarettenrauchen.

Ich habe eine sehr tätige, sehr energische Schwägerin. Sie versieht ihre Hausarbeit selbst, bestellt ihren Garten und hat in der Stadt ein halbes Dutzend Ämter inne. Gegen Ende des

Tages ist sie müde, und, setzt sie sich dann abends hin, so schläft sie oft für ein paar Minuten ein. In der Familie ist das ein ständiger Spaß, und wir gönnen ihr das Nickerchen. Wissen wir doch, sie wird für den Rest des Abends strahlend lebhaft sein. Eines Abends bemerkte ein Tischgast, daß sie drei Tassen Kaffee trank und fragte: „Mrs. Weaver, hält Sie das nicht wach?“ Worauf sie mit gespieltem Ernst zurückgab: „Ja, es hilft wohl.“ Soviel ich weiß, hindert es sie nie am festen Schlaf die Nacht durch. Andererseits kann sie morgens auf Kaffee verzichten, ohne ihn zu entbehren.

Kannst du ihn, ohne Kopfschmerzen zu bekommen, trinken, oder ihn fortlassen ohne ein Gefühl der Erschlaffung, dann schadet er dir nichts. Wird es dir aber schwer, ohne die Tasse frühen Morgenkaffee auszukommen, oder neigst du dazu, wach zu bleiben, während der Körper müde ist und Schlaf braucht, dann gib verständigerweise lieber deinem Körper Gelegenheit, ohne Reizmittel in normaler Weise zu funktionieren.

Eins der klügsten Bücher darüber, wie man zum nervösen Wrack werden kann, ist Frank Sullivans: Ein Stein in jedem Schneeball („A Rock in every Snow-Ball“). Er zeichnet so lächerliche Karikaturen von unseren Alltagssorgen, daß du dich des Lachens nicht erwehren kannst über das eigene Bild in diesem Spiegel. „Ich persönlich liebe es“, gesteht er treuherzig, „einer ganz albernen kleinen Schwierigkeit nachzupirschen, sie dann nach und nach hochzupäppeln und zu einem schönen, ansehnlichen Unglück aufzubauschen. Der schöpferische Künstler in mir fühlt sich angesprochen, wenn ich einen Brief abschicke und dann zu grübeln beginne: ‚Habe ich wohl eine Marke draufgeklebt, habe ich wohl die richtige Anschrift daraufgeschrieben?‘ – bis ich zum Wrack geworden bin.“

Mutter hat uns oft erzählt, wie die Großmutter Weaver sie gelehrt hat, der Schlaflosigkeit Herr zu werden. Sie riet ihr aufzustehen und niederzuschreiben, was immer für störende Gedanken sie nicht zur Ruhe kommen ließen. Ob sie sich dabei ertappte, Pläne für den nächsten Tag zu entwerfen, oder ob sie sich über eine schwierige Lage in Vergangenheit oder Zukunft Gedanken machte: sie solle aufstehen. Dann solle sie alle Punkte, die sie aufgestellt hatte, zu Papier bringen; und sie danach endgültig beiseite schieben, als wären sie nun in guter Hut. Was für Gedanken auch immer sie beunruhigt haben mochten, Mutter solle sie niederschreiben, als sende sie einen Brief an Gott. Sie solle es auch niederschreiben, wenn sie etwas übelgenommen oder Niedriges, Häßliches gedacht hatte. Fühlte sie sich durch etwas verletzt, so solle sie es Gott sagen. Dann solle sie das Papier, auf das sie geschrieben, zusammenfalten und in ihre Bibel legen; es damit Gott darreichen mit der Bitte, während ihres Schlummers möge Er zu ihr sprechen. Dadurch mochte es ihr beim Wiederhinlegen zumute sein, als sei die Verantwortung von ihr genommen und auf ihren himmlischen Vater übertragen, der sie liebte und statt ihrer sorgen würde. Am Morgen, so schlug Großmutter vor, solle das Blatt aus der Bibel herausgenommen und vernichtet werden, so daß, was sie geschrieben, zwischen Gott und ihr Geheimnis bleibe.

Das hat Mutter geholfen. Vielleicht wird es auch dir helfen.

13. Wie es zu Unfällen kommt

Besonders schwierig ist die Anerkennung der Tatsache: nicht nur zu Krankheiten, sondern auch zu Unfällen liegen Voraussetzungen in uns selbst.

Da wir Christen sind, sollten wir eigentlich nicht an ein blindes Schicksal glauben. Schicksal und Zufallsgunst bilden keinen Bestandteil unserer Lehre. Unsere Art zu leben, zu sprechen und zu denken erweckt jedoch den Anschein, als glaubten wir daran wie an deren Macht, unser Leben zu stören. Mit anderen Worten: Wir sind an den Glauben gewöhnt, uns betreffende Ereignisse folgten aus besonderer Verknüpfung von Umständen, die sich unserer Gewalt entziehen.

Lange erschien uns Krankheit und Unfall als Mißgeschick, das uns unvermeidlich überkommt. Wir glaubten, wir hätten das Unsrige getan, wenn wir nur verständige Vorsichtsmaßnahmen gebrauchten, auch wenn wir trotzdem verletzt oder krank wurden. Daß uns darüber hinaus noch eine lenkende Macht zustände, das glaubten wir nicht. Daß es in unserer Macht stände, Unfälle zu verhüten oder den Ausbruch von Krankheiten zu verhindern, das stellten wir uns niemals vor. Eben diese landläufige Auffassung scheint durch psychosomatische (Leib-Seele) Forschung widerlegt zu sein. Mag diese Theorie auch noch nicht 100prozentig gesichert sein, so doch gut und gern 50–60prozentig.

Die berühmte Oschner-Klinik in New-Orleans schätzt bei körperlichen Krankheiten die Zahl auf 76 Prozent. Das heißt von 100 Insassen dieser Klinik würden 76 an Störungen leiden, die eher psycho-somatischen als rein körperlichen Ursachen entspringen. Die Störung selbst sei zwar körperlicher Art, ihre Ursache aber sei in körperlichen Funktionen nicht zu finden. Die Ursache liege im Empfindungsleben, sei also seelischer Art. Die Schulbehörde einer der größten Städte

Kaliforniens stellte fest, von je 100 Kindern, die zum Schularzt geschickt würden, seien 75 psycho-somatische Fälle. Liegt hier wiederum kein Krankheitsbefund am Körper vor, so wird gefolgert, die Störung beruhe auf einer Disharmonie im Empfindungsleben.

Die Zumutung mag dich freilich zunächst aus der Fassung bringen, in dir selbst den Veranlasser deiner eigenen Unfälle zu sehen. In Zeitschriften siehst du jedoch heute oft Aufsätze darüber. Darin findest du Warnungen: Hättest du dich mit der Köchin gezankt oder eine Auseinandersetzung mit deinem Vorgesetzten oder einen Wortwechsel mit deinem Kollegen gehabt, dann wäre es unklug, wolltest du sofort dein Auto steuern oder eine andere Maschine bedienen. Vielmehr solltest du abwarten, bis die Wallung sich gelegt hat, damit du möglichst Unfälle vermeidest.

Was vor sich geht, siehst du, ist nämlich dies: eine Beunruhigung des Empfindungslebens stört das Zusammenspiel der Muskeln. Durch ein aufregendes Erlebnis wird das Gleichgewicht im Rhythmus körperlicher Reaktionen zeitweilig gestört. Unternehmer, deren Arbeiterkolonnen an gefährlichen Stellen eingesetzt werden, haben gelernt, auf Anzeichen seelischer Erregung bei ihren Arbeitern sehr genau zu achten. Hat einer häuslichen Kummer, ein krankes Kind oder eine kranke Frau; ist einer in Geldnöten und -sorgen, so darf er nicht auf Masten dicht an der Hochspannung arbeiten. Wir wissen heute darüber Bescheid, wie seelische Gereiztheit ein rechtes Zusammenspiel der Muskeln stört. Deshalb wissen wir auch, es steht zuviel auf dem Spiel, als daß einer durch ein Abgleiten von Fuß oder Hand sein Leben gefährden dürfte.

Flugzeuggesellschaften nehmen dies so ernst, daß sie das Empfindungsleben der Besatzung ihrer großen Flugzeuge prüfen. Andere Gesellschaften, – besonders solche, die mit gefährlichen Chemikalien zu tun haben, – prüfen, ob ihre Leute in ihrem Empfindungsleben Schwierigkeiten haben, die zu mangelnder Zusammenarbeit führen könnten. In großen Fabriken hat die Arbeit am laufenden Band aus solchen Beobachtungen Nutzen gezogen. Bei gefährlicher Arbeit wurde festgestellt: Große und kleine Unfälle ließen sich auf ein Minimum reduzieren, wenn man nur die zwei bis drei Leute herausfände und ausschaltete, die empfindungsmäßig nicht zum Zusammenwirken geeignet wären.

In großen Fabriken stützen sich heute die Personalchefs auf Ratgeber, die Hausbesuche machen; viele von ihnen sind in Psychiatrie und Psychologie geschult. Auf ihren Hausbesuchen kommen sie mit dem Leben der Arbeiter in nahe Berührung, so daß sie deren Nöte und daraus entspringende Sorgen kennenlernen. Was wir bei Untersuchung menschlichen Empfindens und seinem Einfluß auf den Körper feststellten, scheint große Bedeutung für das praktische Leben zu haben.

Sicherlich kannst du mir sagen: „Gerade saß ich hier in meinem Wagen an der Straßenseite und erwartete jemand, da fuhr mich ein anderer Wagen an. Daran kann ich gewiß nicht schuld gewesen sein!" Das erscheint auf den ersten Blick zutreffend; bitte, versuche aber nicht etwa, die Theorie auf den ersten Blick anzunehmen oder abzulehnen. Warte und lasse nicht ab, dich zu beobachten. Beobachte, was du selbst tust, und beobachte andere um dich her; so kannst du bald zu deiner eigenen Befriedigung Beweise dafür oder dagegen in der Hand haben.

Ich selbst glaubte nicht an diese Theorie, als ich zuerst davon hörte. Ich bin ein ungläubiger Thomas, der schwer Kenntnisse erwirbt. Oft gedenke ich der Worte Jesu, an Thomas gerichtet: „Selig sind, die nicht sehen und doch glauben." Doch können wir nicht alle durch Glauben allein zum Ziel kommen. Auch diejenigen unter uns, denen das nicht gegeben ist, werden schließlich auf anderem Wege allmählich lernen. Diese Veranlagung macht es uns zwar schwer, wird aber andererseits auch zum Segen; denn was wir im Leben und aus Erfahrung lernen, ist unverlierbar.

Als ich zum ersten Male von dieser Theorie über Unfälle hörte, sagte ich: „Ach was, davon glaube ich kein Wort." Damals bewohnten wir ein großes Haus in St. Louis. Eines Morgens wollte ich etwas eigene Wäsche waschen, ehe ich ins Büro ging. Gerade, als ich ins Souterrain gehen wollte, läutete das Telefon. Als ich erfuhr, wer anrief, war mir klar: Das bedeutet eine Unterhaltung von mindestens 20 Minuten mit einer dieser lieben Leute, die so sehr viel Worte brauchen, um herzlich wenig zu sagen – aber in so reizender Form, daß man nicht umhin kann, zuzuhören. Da saß ich also, warf ab und an ein „Ja“ oder „Nein“ dazwischen und geriet innerlich in Wut bei dem Gedanken:

„Warum muß sie ausgerechnet heute früh anrufen, wo ich so viel zu tun habe?“ Als ich mich schließlich verabschiedete, war ich aufs heftigste erregt; ich brach, noch keineswegs abgekühlt, aufs neue zum Souterrain auf, unter dem einen Arm das Waschpulver, unter dem andern die Wäsche.

Zum Unglück war die Waschpulverschachtel offen. Als ich auf die oberste Treppenstufe trat, flog das Waschpulver herunter und ich beinahe mit. Die ganze Treppe hinunter verstreute sich das Pulver. Ich setzte mich hin, sah zu und sagte mir: „Siehst du, Rebecca, so ist das also; deine Empfindungen waren durcheinandergeraten, deshalb arbeiten deine Muskeln nicht zusammen.“ Seitdem gab ich darauf acht.

Jemand hat die Bemerkung gemacht: „Unsere inneren Drüsen sind um Jahrhunderte älter als unsere Zivilisation.“ Unser Körper reagiert ständig auf feine oder unterdrückte Empfindungen. Wir unterdrücken zwar viele Gefühle deshalb, weil wir ihnen aus mancherlei Gründen keinen Ausdruck geben können; dennoch aber reagiert der Körper darauf. Du magst Angestellter sein, dein Chef ein Hitzkopf und unverständig. Findet er irgendeinen Fehler, so läßt er ihn an dir aus in der Annahme, du hättest schuld; während du vielleicht gar nichts damit zu tun hattest. Alles in dir lehnt sich auf gegen seine Vorwürfe; denn du weißt, er ist ungerecht. Ebenso aber weißt du, du darfst keine Widerworte geben, um deine Stellung nicht zu verlieren. So schluckst du alles herunter, was du fühlst, und schweigst. Oder du stehst vielleicht im Heer; und dein Vorgesetzter möchte dir gründlich Bescheid sagen. Da kannst du nicht viel anderes tun als blinzeln, dich auf die Zunge beißen und den Mund halten. Was du aber fühlst und nicht aussprechen darfst, wird zurückgedrängt ins Unterbewußtsein und taucht dort hinab. In einer Stadt unseres Mittelwestens gibt es einen, der der höflichste Mann des Mittelwestens heißt. Er ist Abteilungsleiter in einem großen Geschäftshause. Mit seinen Angestellten hat er das Abkommen getroffen, der Kunde habe immer recht, was für Unsinn er auch vorbringen möge. Auch wenn ein Kleidungsstück deutlich als schon getragen erkennbar ist, wird dem Kunden, der noch Änderungen verlangt, recht gegeben. Vor jeder Dame, vor jedem Herrn verbeugt er sich tief und versichert: „Jawohl, ich will sehen, daß das besorgt wird“, oder „Ich werde mit dem Angestellten sprechen, das wird nicht wieder vorkommen.“

Viele bewundern seine Unerschütterlichkeit. Wenige aber wissen um das Geheimnis, wie er seine unterdrückten Empfindungen ableitet. Abends beim Heimgehen nämlich steigt er in den dritten Stock, wo unbrauchbares Steingut und Porzellan lagern. Er zielt mit einem alten Fußball und wirft alles Erreichbare entzwei! So macht er seinem Gefühl dort Luft, wo der geringste Schaden angerichtet wird. Sehr viele Leute haben uns erzählt, wie sie bei kleinen Verletzungen ihr Körpergewebe meistern lernten. Sie hatten entdeckt, was nun erstmalig Naturwissenschaftler uns sagen: daß bei einer Verbrennung, einer Quetschung oder Verletzung unsere erste Reaktion in großem Maße darüber entscheidet, ob der Körper sich leicht oder mit Mühe heilen wird.

Zum Beispiel rufen eine Brandwunde, ein Schnitt, ein vom Hammer getroffener Daumen bei der Mehrzahl von uns neben der Schmerzbekundung Äußerungen von Ungeduld über unsere Ungeschicklichkeit hervor oder Ausrufe des Mitleids mit uns selbst, weil uns das zugestoßen sei. Wenn dies unsere erste Reaktion ist, so übertragen wir unser erstes Empfinden gespannter Abwehr auf die Gewebe um die verletzte Stelle herum; und auch sie spannen sich.

Psychosomatiker weisen darauf hin, daß solche Spannung den Zellen ihre normale Blutzufuhr entziehe; denn Spannung hemmt den Kreislauf. Das Blut führt nicht nur Sauerstoff mit sich und ernährt die Zellen; sondern es bringt dem verletzten Gewebe auch die noch lebenswichtigere Unterstützung der weißen Blutkörperchen. Deshalb ist leicht einzusehen: eine hemmende Gegenwirkung ist ebenso schädlich wie unklug.

Weiße Blutkörperchen oder Leukozyten sind die Skarabäen, die Straßenreiniger des Leibes. Ihre Aufgabe ist es, den Abfall zu beseitigen und einzelne Bazillen aufzusaugen, die sonst in die verletzten Gewebe eindringen würden. Hemmung des Kreislaufes beraubt die Zellen des vollen Schutzes dieser weißen Blutkörperchen. Das bringt eine Verzögerung in der Wiederherstellungsarbeit mit sich sowie viel mehr Unbehagen und Schmerz, als nötig gewesen wäre.

Eine Schriftstellerin*) unserer Tage spricht oft von ihren Erfahrungen mit Brandwunden. Sie hält sich selbst für so ungeschickt in der Küche, daß sie sich als „schlechteste Köchin der Welt“ bezeichnet. Sie hat sich nun darin geschult, ihren Finger, wenn etwas heißes Fett ihr auf die Hand gespritzt ist, völlig zu entspannen, indem sie ihn in den Strahl göttlicher Liebe hebt. Dies ist ihre erste Reaktion. Keinen Augenblick dürfte sie dem Ärger oder der Ungeduld Raum geben, bevor sie zur Entspannung umschwenkt. Die erste Reaktion ist von Bedeutung.

Von der uralten Verhaltensweise des Menschengeschlechts, jeder Verletzung mit Anspannung zu begegnen, können wir uns durch andächtige Sammlung und Übung umschulen zur Annahme neuer Leitbilder aus höherem Bewußtsein. Da wir um die Bedeutung der ersten Reaktion wissen, wirken wir auf unser Unterbewußtsein ein. Wenn wir dann zu einer neuen Haltung gelangt sind, lernen wir, aus der Weisheit der Reife heraus zu reagieren.

Die Ergebnisse solch veränderter Haltung sind sehr auffallend. Naturwissenschaftler beobachten: Bei Brandwunden ersten und zweiten Grades bilden sich auf jenen Körperstellen dann, wenn der Verletzung völlige Entspannung folgt, nur selten Blasen. Sind in der Umgebung einer Quetschung oder einer Verstauchung die Muskeln nicht gespannt, so kann die freie Bewegung des Blutumlaufs den normalen

*) Agnes Sanford, Verfasserin von: Heilendes Licht ("The Healing Light").

Zustand wiederherstellen ohne sichtbare Schwellung, ohne begleitenden Schmerz. Verfärbung ist auf ein Minimum zurückgedämmt, da das Blut nicht stark gestaut war. Der Blutkreislauf ist nicht gehemmt. Die Wiederaufbauarbeit kann sich überall dort ungehindert vollziehen, wo keine Abwehrreaktionen die Muskeln spannen.

Im Kohlengebiet von Wales, wo oft Verletzungen durch Bruch vorkommen, mahnen Ärzte ihre Patienten, bei Knochenbrüchen entspannt zu bleiben und sich freizuhalten von Empfindungen der Mißstimmung oder der Ungeduld. Sie wenden alle Mühe auf, den Verletzten in Tätigkeit zu halten, damit er nicht über seine Beschäftigungslosigkeit nachgrübele. Bastelarbeiten aller Art werden gepflegt, um den Invaliden geschäftig und fröhlich zu halten. Tägliche Massagen ober- und unterhalb des Bruches werden empfohlen, um den Kreislauf so viel wie möglich zu beleben.

Das Publikum erschrak kürzlich sehr darüber, daß Patienten in einigen Kliniken wenige Tage nach einer schweren Operation ermutigt wurden, sich aufzusetzen, ja sogar zu gehen. Die Chirurgen wandten einfach den gleichen Grundsatz auf solche an, die schwere Operationen hinter sich hatten. Bewegungen regen den Kreislauf an, entspannen und begünstigen die Heilung. Diese Grundsätze können im praktischen Leben auf mancherlei Art angewendet werden. Ist man innerlich gereizt, so kommt es leicht dazu, daß man eine Schüssel zerschlägt oder etwas verschüttet. Die Muskeln mögen nur um den Bruchteil eines Zolls vom Zusammenspiel abweichen. Dieser Bruchteil aber mag verhängnisvolle Entgleisung herbeiführen. Es gibt Leute, die den Eindruck machen, als könne ihnen so etwas nie zustoßen. Was tun sie zur Verhütung von Unfällen? Eigentlich etwas sehr Einfaches. Sie schieben das Aufeinanderprallen von Empfindungen zurück. Sie wenden ein Verfahren an, das die Reaktion hinauszögert. Den Schlüssel dazu gab mir ein Chirurg, bei dem ich vor Jahren als Assistentin tätig war. Das hat mir viel bedeutet. Eines Morgens, gerade ehe wir alles für eine schwere Operation herrichten wollten, wurde er ans Telefon gerufen. Seinem Gesichtsausdruck bei der Rückkehr entnahmen wir, es war etwas Unangenehmes geschehen. Für wenige Minuten setzte er sich. Dann fuhr er in den Vorbereitungen fort und vollzog die Operation ohne jede Unsicherheit in den Bewegungen. Später teilte er uns die Nachricht mit. Wir staunten, wie er so unverstört sein Werk hatte vollenden können. Er erklärte uns, zuerst hätte ihn zwar die Nachricht schwer getroffen. Nachdem er sich aber daran erinnert habe, seine Pflicht fordere seine stetige Hand, hätte er einfach die ganze Sache fortgeschobon, als hätte er sie noch gar nicht gehört – etwa auf die Art, wie Scarlet o'Hara in „Vom Winde verweht" sagt: „Darüber nachzudenken, habe ich jetzt keine Zeit. Morgen, wenn ich nicht soviel zu tun habe, will ich darüber nachdenken."

Dieses Verfahren hat sich mir als ausgezeichnet erwiesen. Wenn mein Empfindungsleben vor einer Krise stand, die mein Gleichgewicht zu stören, meinen Tageslauf durcheinanderzubringen drohte, ich aber einem arbeitsreichen Vormittag entgegensah, – so tat ich sie vorsätzlich beiseite, wie ich's von meinem Chirurgenfreund gelernt hatte. Ich schob sie fort aus meinem bewußten Denken und verwehrte ihr den Zutritt, bis ich sie rufen würde. Nahm ich sie später auf und gab mich damit ab, so stellte ich zu meiner angenehmen Überraschung fest: meine seelische Benommenheit war weithin gewichen, und ich konnte die Tatsachen objektiv betrachten. Das ist kein Rat zu feiger Flucht. Wir packen die Lage an; aber unter Vorbedingungen, die wir selbst festlegen. Auf solche Art bleibt der Rhythmus des Lebens ungestört, und wir bleiben Herr über unsere Empfindungen.

Auf ganz ähnliche Weise lernen wir, wie wertvoll es ist, niederdrückende Gedanken zu meistern. Geben wir nämlich unserem Denken Raum, einer Ungerechtigkeit oder einer geringfügigen Unannehmlichkeit nachzuhängen, so irren wir weit in einer Phantasiewelt umher. Daraus weckt uns dann plötzlich die peinliche Frage unseres bewußten Denkens: „Was weiß ich denn eigentlich?" Kostbare Minuten verstreichen mit dem danach notwendigen Zurechtrücken und dem Einstellen auf die vor uns liegende Aufgabe. Nachdem ich gelernt hatte, dies sei reine Zeit- und Kraftverschwendung, lehnte ich es deshalb ab, niederdrückenden Erinnerungen oder Geschehnissen nachzuhängen.

Richtete ich dagegen meine Gedanken bewußt zur Höhe, hob mein Bewußtsein empor zum Erfassen des Lebensrhythmus rings um mich, so spürte ich, wie alles in mir sich entspannte, um die Harmonien dieses Rhythmus aufzufangen. Alle meine Bewegungen schienen dann fast ohne Anstrengung oder Lenkung im Fluß, jede in sich vollendet und doch ohne Stocken in die nächste übergleitend. Die ganze Muskeltätigkeit durchdrang ein Gefühl von Gewißheit, von Zuversicht. Alle Kräfte zur Sammlung steigerten sich.

In der Zukunft werden die Menschen mit kosmischen Strahlen und deren Einfluß auf das Leben besser vertraut werden. In nicht sehr ferner Zukunft wird eine Vibrations-Therapie in den Vordergrund rücken, eine Heilkunde, die mit Schwingungen arbeitet. Aus neuen Berichten der Britischen Medizinischen Gesellschaft ersehen wir schon die Wirkung von Ultra-Schall-Wellen in ihrer Bedeutung für die Heilkunde. Schwingungen der Ultra-Schall-Wellen unterscheiden sich von denen bekannter Lichtwellen durch ihre hohe Frequenz und ihre geringe Wellenlänge. Sie greifen die Gewebe des Körpers nicht an; aber sie rufen Veränderungen in diesen Geweben hervor.

Aus London wird über einen Versuch berichtet, bei dem eine Anzahl menschlicher Gallensteine in einem Zellophanbeutel ins Wasserbad gehängt wurde. Als Ultra-Schall-Wellen durch das Wasser geleitet wurden, platzte plötzlich der Beutel; denn die Gallensteine zerbarsten in Tausende von Splittern. Vielleicht erinnert man sich an die Geschichte von der Melodie, die auf einer Geige gespielt wurde und Wasser in einem Glase in gleiche Schwingungen versetzte, so daß das Glas davon zersprang.

Scheint es im Lichte solcher Tatsachen unlogisch anzunehmen, daß menschliche Gallensteine im Körper zersetzt werden können oder in Stücke zerbrechen unter der Macht des Gebets? Die höchste Schwingung, die wir wahrzunehmen vermögen, ist Gottes Liebe. Wenn wir in Gottes Liebe unseren

Dienst versehen, so werden Schwingungen durch den Körper geleitet, die sicherlich so hochfrequent sind wie Ultra-Schall- oder was immer für Wellen. Ist es dann unlogisch, für möglich zu halten, Gallensteine könnten auf diese Weise zerfallen, so daß sie durch den Gallenausgang in den Darm gelangen und entfernt werden können?

Tatsachen über Tatsachen erbringt die Naturwissenschaft zur Unterstützung der Wahrheiten, die wir durch metaphysisches Forschen fanden. Noch niemals in der Menschheitsgeschichte ist die Physik so nahe an die Religion herangerückt, die Religion der Physik noch nie so nahe gekommen wie heute. Unser Gefühl von Ehrfurcht und Staunen vor dem All wird durch unsere Berührung mit der Naturforschung eher erhöht als gemindert. Sie wird mehr und mehr unser Bewußtsein erheben zu der größeren Erleuchtung, der wir entgegengehen.

14. Reifwerden in unserem Empfindungsleben

Psychologen oder Psychiater betrachten einen Mann oder eine Frau, den die Gesellschaft als „schlecht“ bezeichnet, als einen Menschen, dessen Zusammenhang mit dem Leben gestört ist. Ein so gestörter Zusammenhang bedeutet meist, daß das Ego, das Ich, Beachtung heischt.

Eine gereifte Persönlichkeit sieht keinen Grund dazu ein, von seiten der Gesellschaft besondere Beachtung zu fordern oder zu erwarten. Ein weniger Entwickelter aber ersehnt Beachtung so glühend, daß er sie zu erregen sucht selbst durch Taten, die ihm, wie er wohl weiß, Strafe eintragen, falls er ertappt wird. Um sich selbst in den Mittelpunkt zu stellen, dafür zahlt ein Mensch solcher Art fast jeden Preis. Wohl ersehnt er die beglückende Wärme echter Zuneigung. Gerade sie aber kann er nicht erlangen eben wegen seiner Unfähigkeit, sich in echter Neigung anderen zuzuwenden. Diese seine Unfähigkeit erklärt sich daraus, daß früher einmal Liebe, die er darbrachte, zurückgewiesen wurde. Es wird*) von zwei Wegen gesprochen, auf denen Menschen gezeigt werden soll, wie ihre Fehler zu bessern seien. Die Theorie über Gut und Böse, heißt es, gehe um das Problem herum, indem versucht werde, Menschen zum Gutsein zu überreden oder zu zwingen. Die Lehre über Einsicht und Unwissenheit aber behaupte, daß Kenntnisse und Bildung Gewohnheiten und Instinkte wandeln und zu normalem Verhalten führen würden.

Mehr und mehr jedoch sehen wir ein, daß der Weg zur Rettung dieser von Feindschaft zerrissenen Welt der wäre, neue Feldzeichen aufzurichten – jene bisher noch nicht erhobenen Feldzeichen nämlich, die Jesus uns übermittelte –, so daß wir zu tieferer Selbsterkenntnis und zu höherer Wer-

---

*) Von H. A. Overstreet in: Geistige Reife (“The Mature Mind”).

tung des Selbst gelangen. Unsere Rettung wie die Rettung der Welt liegt in der Befreiung unseres Bewußtseins aus seiner Enge. Haben wir die Überzeugung erringen können, das Böse, das Menschen tun, entspringe nicht ihrem bösen Wesen, nicht ihrer Anlage, sondern in Wirklichkeit daraus, daß ihrer Empfindung die Reife mangelt, dann vielleicht können wir uns selbst und die Welt noch retten.

Nicht als schlechte, boshafte Leute werden die Verfolger Jesu und seiner Jünger geschildert. Es waren vielmehr Leute, geradeso wie du und ich. Und geradeso wie du und ich fürchteten und widerstrebten sie allen Neuerungen. Wir mögen zugestehen, unsere Wirtschaftsordnung sei verbesserungsbedürftig; wir mögen einen Fortschritt der Welt für notwendig erklären; jedoch die Befreiung unseres eigenen Bewußtseins zur Bereitschaft für solche Wandlungen ist nicht so leicht und einfach, wie es scheint. Das fordert stärkere innere Wandlung von uns selbst.

Einer unserer christlichen Psychologen sagt: „Das ist eine schmerzhafte Aufgabe, die ausschließlich vom Einzelnen zu lösen ist. Sie umgreift das Aufnehmen und Verarbeiten der Fehler und Ängste, die uns nicht bewußt sind; beseitigen unserer Hemmungen und Vorurteile; ein Umwandeln und zu innerer Einheit Zurückführen unserer Leidenschaften und Triebe." Es muß erkannt werden: Was immer an Haß, Neid, Eifersucht, Übelwollen, Erbitterung und Ärger in uns ist, das ist Liebe; unerfüllte, unerwiderte, zurückgestoßene Liebe, die in ihr Gegenteil umgeschlagen ist.

Was immer in uns ein negatives Vorzeichen trägt, ist Umkehrung der Liebe; von oben nach unten, von innen nach außen gekehrt. In dem Augenblick, in dem wir diese Erkenntnis gewonnen haben, können wir allem so entgegentreten, daß wir alles emporheben, alles in diesem Lichte verstehen. Was immer einer sagen oder tun möge, er kann uns nicht verletzen; denn alles, was er sagt oder tut, verstehen wir als Liebe, die nach Ausdruck sucht. Nur hat er die Richtung dieses positiven Gefühls verändert, so daß es sich in umgekehrtem Sinne äußert; sein Versuch, weh zu tun, ist nur Vergeltung dafür, daß ihm selbst weh getan wurde.

Eines Tages wird sich unser inneres Auge zweifellos der Einsicht öffnen, so könne es nicht endlos weitergehen mit diesem Sich-Gekränkt-Fühlen und wieder Kränkungen zufügen; mit diesem Aufeinander-Losschlagen aus der kindischen Begründung: „Hast du mich gehauen, haue ich dich wieder." Auf solchem Wege können wir nicht das Reich Gottes, nicht die Vollkommenheit, nicht den Frieden finden. Moderne Tiefenpsychologie bestätigt die gleichen tiefen Wahrheiten, die Jesus uns lehrte. Müssen wir immer durch Rückschlag erwidern? Warum nicht Positives an dessen Stelle setzen? Erwiderst du Böses mit Bösem, so folgst du deinem bösen Trieb. Saugst du aber das Böse auf und hebst es empor in Güte, so stärkst du all das Gute, dessen du fähig bist. Dies gilt für Völker, es gilt nicht minder für Einzelmenschen. Wann immer Menschen so weit gegangen waren, wie es ihnen nur möglich war; wenn sie dann an der Grenze des Zusammenbruchs standen oder vor dem Selbstmord, ob im Einzelleben oder in der Gemeinschaft, dann erkannten sie: Wir kommen allein nicht weiter. Gestehen sie sich ihr Versagen ein, so entscheiden sie sich für zwei Möglichkeiten: entweder, alles aufzugeben in äußerster Hoffnungslosigkeit, in Verzweiflung; oder, eine höhere Macht zu suchen, die sie anrufen können wie Hiob: „Lehre mich und zeige mir, worin ich auf falschem Wege bin."

Der nächste Schritt, der die Menschheit vorwärts bringt, erfordert eine gewisse Übung im moralischen Jiu-Jitsu. Wir müssen es lernen, uns den sogenannten Kräften des Bösen in der Welt so entgegenzustellen, wie der trainierte Athlet sich seinem Gegner stellt. Der trainierte Athlet versteht es, sich jederzeit überall so fallen zu lassen, daß er keinen Schaden nimmt. Deshalb weiß er, er kann sich in Sicherheit bringen, was auch geschehen möge. Zum moralischen Jiu-Jitsu braucht man völlige Unterwerfung des Ich. Es fordert, daß wir biegsam werden, völlig entspannt, damit wir bei jedem bösartigen oder gewaltsamen Angriff zur Seite treten und dem Ansturm entgegenwirkender Kräfte keine Angriffsfläche bieten. So können sie uns nicht treffen. Derart betreiben Japaner ihr Jiu-Jitsu. Niemals setzen sie der Gewalt Gewalt entgegen*). Sie überlassen die gegnerische Kraft deren eigener Auswirkung, so daß der Gegner sich selbst besiegt.

Hüte dich vor Starrsinn; davor, einen bestimmten Plan zu straff zu verfolgen. Lerne Entschlossenheit ohne Unnachgiebigkeit, Ausdauer ohne Hartnäckigkeit. Den, der steif dasteht, ganz durchdrungen von seinem eigenen kleinen Anliegen, von seiner Entscheidung, von seinem Plan, den verletzt jeder Widerstand. Lehnt er es ab, sich zu ändern, so kann es eines Tages scheinen, als ob die ganze Geistesmacht des Alls sich seiner winzigen Kraft entgegenwerfe und eines Gottes Triumphwagen ihn unter erbarmungslosen Rädern zermalme.

Wer hohen, selbstlosen Zielen zustrebt, für den gilt das nicht. Auch ein solcher aber muß der Biegsamkeit zur Unterwerfung fähig werden. Die Gegnerschaft oder die Bundesgenossenschaft anderer Menschen mag man außer acht lassen. Erkennt man aber, daß der Schöpfungsplan in andere Richtung weist, so muß man beweglich genug sein, um mit ihm einzuschwenken. Das aber kann nicht erreicht werden, ohne daß die Empfindung zur Reife gelangt ist.

Stellen wir den finsteren Mächten des Bösen die Erkenntnis entgegen, sie seien in Wahrheit Kräfte des Guten, nur äußerlich auf Zerstörung gerichtet, so werden wir fähig zur Überwindung unserer Neigung, ihnen mit jener uralten Reaktion der Menschheit zu begegnen. Kränkungen mit Kränkung zu erwidern, treibt in unausweichlicher Folge alle jene in uns schlummernden Lebensregungen, die entsprechend auf Zerstörung gerichtet sind, zur Oberfläche. Somit wird die Gesamtsumme dessen vermehrt, was dem Guten entgegenwirkt. Dies kämpft gegen unsere Hoffnung, zur Reife zu gelangen.

Dem erhöhten Bewußtsein bedeutet das Böse nichts Wesenhaftes. Ihm wohnt vielmehr keine andere Macht inne als die des Guten, die es verzerrt. Für ein unerwecktes Bewußtsein aber ist Böses sehr wirklich. Der an der Naturwissenschaft geschulte Christ, der sich auf beiden Gebieten betätigt, er-

*) Dies gilt für Judo, „die sanfte Kunst", Sonderart des Jiu-Jitsu (d. Ü.).

kennt das Böse wohl. Er weiß aber, ihm kommt keine Wirklichkeit zu. Der Verfasser der (indischen, d. Ü.) Veden nennt es Schein, etwas, das nicht ist. Jesu Jünger billigen ihm wohl ein Dasein zu. Sie erkennen aber dies sein Dasein als nicht notwendig, – sondern wir können es erlösen, es aufsaugen im Guten.

Treffend wird festgestellt*): „Es gibt keine Sünde, nur Irrtum; keine Strafen, nur Folgen."

Irrtümern unterliegen wir alle. Warum aber ständig den gleichen Fehler begehen? Erkennen wir, daß wir bestraft oder daß wir mißbraucht werden, so ist das für den gereiften Geist kein Anlaß, sich leid zu tun. Vielmehr gibt es ihm Anlaß dazu, sich selbst zu erforschen, sich selbst zu reinigen. Wird das Vorwärtskommen mühsam, so dürfen wir nicht zurückgleiten auf den gefährlichen Standort des Selbst-Bemitleidens. Es ist höchst notwendig, daß wir gerade um ein wenig mehr Mut und Ausdauer beten, um uns durch Vertrauen einer höheren Weisheit zu überlassen, die uns lenken wird.

Mein Tagebuch verzeichnet ein eindruckvolles Erlebnis. In den Bergen Virginiens kam unser Wagen bei wildem Schneegestöber ins Gleiten und konnte nicht weiterfahren, unmittelbar an einem gefahrvollen Abgrund von etwa hundert Meter Tiefe. Ein Blick in diese Tiefe zeigte mir so recht, welcher Gefahr unser Leben ständig ausgesetzt ist. An jeder Kehre kann uns der Augenblick erwarten, an dem all unser Mut nötig ist, damit wir nur gerade mit dem Leben davonkommen. Wir aber saßen bereits nach drei Stunden mit mehr als einem Dutzend anderer behaglich in einem stillen kleinen Gasthaus, von unserer Kammhöhe errettet. Unsere Rettung verlief weder besonders anschauenswert noch dramatisch. Mit einer Ladung Sand kam die Hochstraßenstreife und warf ihn vor die Räder – eben nur Sand und Kies**) – um uns über die Höhe fort- und jenseits bergab weiterzuhelfen.

Angesichts einer Gefahr entspannt zu bleiben in dem Augenblick, in dem es unmöglich scheint, die nächste Stunde zu überleben, das ist die Probe in Lebenskrisen. Für solche

*) Von Ernest Holmes.

**) Im Englischen Wortspiel: Kies-Ausdauer (grit), d. Ü.

Proben sind Gebet und Zuversicht der Sand und der „Kies", die uns über den Berg helfen.

Mit seiner Feststellung, die Menschen machten stets nur von einem geringen Teil ihrer Fähigkeiten Gebrauch, eilte der hervorragende Psychologe William James heutiger Tiefenpsychologie voraus. In uns liegt die Macht, die uns befähigt, mehr zu haben, immer mehr, viel mehr zu sein als wir sind. Was denn hindert uns daran? Was läßt die Kraft verpuffen? Allen steht der Zugang zu gleichen Lebenskräften offen. Einen jeden Körper können gleiche Energiemengen durchströmen. Was bestimmt denn nun die Grenzen der Lebenskraft, der Energie, der Begeisterung, der schöpferischen Fähigkeit jedes Einzelnen? Wie kommt jene plötzliche Veränderung bei einem Menschen zustande, der unter einem Einfluß, der sein Empfinden berührt, aus früherer Tatenlosigkeit und Lethargie zu sprühender Begeisterung, zu kraftvollem Wirken fortgerissen wird?

Die Tiefenpsychologie erklärt uns dies als Ergebnis davon, ein Gewirr von niederdrückenden Empfindungen, das im Unterbewußtsein begraben lag, sei nun entwirrt worden.

Die verheerende Krankheit unserer Tage ist unsere Unreife, – unser Widerstand gegen unser Wachstum. Unser ärgster Feind ist nicht ein anderes Volk, nicht eine andere Partei, nicht eine andere Weltanschauung. Unsere wirkliche Gefährdung liegt in unserer Unreife im Hinblick auf die vielfältigen Lagen, in die das Leben uns bringt. Solange wir ständig mit nervösen Befürchtungen, unbegründeten Gefühlen von Haß, uneingestandenem, erbittertem Groll, vorurteilsvollem Fanatismus reagieren, solange darf keiner von uns hoffen, von seinem Verstand vollen Gebrauch machen zu können. In Maßen physikalischer Energie ließe sich schwer ausmessen, wieviel kostbare Spannung durch unser Aufspeichern solcher Empfindungen niedergehalten wird. Das Ziel, dem wir zustreben, ist: diese im Negativen gebundenen Kräfte freizumachen. Diese Kräfte freisetzen, heißt zum Mittelpunkt schöpferischen Lebens vordringen. Gemeinsame Aufgabe der Naturwissenschaft, der Psychologie, der Religion ist es, zu suchen, wie diese Kräfte zu befreien sind.

Ein deutliches Zeichen von Unreife ist das Bedürfnis nach einem Alibi. Dazu bot sich vor allem der Teufel, und das Schicksal leistete ihm Handlangerdienste. Wir brandmarken uns selbst als unentwickelt, wenn wir nicht bereit sind, Tatsachen ins Auge zu sehen oder reuig die Folgen unserer Handlungen auf uns zu nehmen. So verhalten sich Kinder: werden sie bei etwas Verbotenem ertappt, so suchen sie die Schuld von sich fortzuschieben. Ist ihnen etwas verboten worden, worauf sie sehr erpicht sind, so setzen sie sich sogar der Strafe aus, um ihr Verlangen danach zu befriedigen. Werden sie dann auf frischer Tat ertappt, so ist ihre erste Regung ein Versuch, der Strafe zu entgehen, indem sie ein Alibi schaffen: „Hänschen hat mich gestoßen, Susi hat mich dazu angestiftet."

Da haben wir eine Ausflucht, die so alt ist wie die Menschheit. Sie findet sich schon im ersten Kapitel der Genesis. Als Gott Adam und Eva im Garten traf, da erwies sich Ihm ihre Schuld unmittelbar, weil sie plötzlich fühlten, daß sie nackt waren und ihren Leib mit Blättern zu verhüllen suchten. Psychologen wissen es: träumen Männer und Frauen wiederholt, sie würden nackt überrascht oder wären vergeblich bemüht sich anzukleiden, dann deutet dies auf Menschen, die den Empfindungen ihres eigenen Innern nicht klar entgegenblicken können. So beschuldigte Adam sofort Eva für sein Vergehen, und Eva wiederum wälzte die Schuld auf die Schlange, die sie verführt hätte. Das Ego, das Ich, verteidigt sich stets. Es kann sich nicht gestatten, sich seinem eignen Innern zuzuwenden. Einzig Psyche, die Seele, vermag im Spiegel des Lebens auf ihr eigenes Bild zu blicken.

Nur niederdrückende, negative Empfindungen können sprechen: „Mein Name ist Legion." Das Gute ist immer Einheit. Wir haben nur ein wirkliches Selbst – das wahre Selbst. Aber wir haben viele Egos, viele Iche. Die Leitbilder für unser Ego, unser Ich, werden in der Menschheit zu Kollektivbildern. Diese erdachten Bilder üben Einfluß auf unser Handeln und Denken.

Das Ego muß sein Alibi haben. Eine Schwäche eingestehen können, bedeutet Wachstum.

Wer unerwachsen geblieben ist, muß deshalb Ausschau halten nach Mächten und Gewalten außerhalb seiner selbst, um sie für seine Verfehlungen verantwortlich machen zu können.

Unsere jüdisch-christlichen Überlieferungen, sowie bis zum gewissen Grade auch noch die Christen unserer Zeit, erkennen Dämonen und Engel als Wesenheiten an, die Macht dazu haben, sich erschließende Leitbilder menschlichen Lebens zu beeinflussen. Griechen und Römer hatten Götter und Göttinnen, die die Verantwortung trugen. Für viele in alten und neuen Zeiten ist auch der Einfluß der Gestirne auf die Gestaltung der Menschengeschicke durchaus zur Wirklichkeit geworden.

Minerva verachtete das Geschlechtsleben auf Grund ihrer jungfräulichen Geburt – es hieß, sie sei in voller Rüstung dem Haupte ihres Vaters Zeus entsprungen. Ihre naturwidrige Einsamkeit wirkt an manchen Hochschulen nach bei manchem glänzenden Gelehrten, den oft Abscheu oder Furcht vor Ehe und Familie zur Ehelosigkeit verdammen und zu einem Leben, dem vieles versagt blieb.

Diana, die Göttin der Jagd, erblicken wir im Typus der ehrgeizigen berufstätigen Frau, die auf der Jagd nach Erfolg am Leben vorbeigeht. Dem Horoskop eines modernen Astrologen entsprechend, mag Saturn über dein drittes oder viertes Haus seinen düsteren Schatten werfen und, falls du dich seinem Einfluß öffnest, viele schöpferische Ideen in dir ersticken.

All diese Einflüsse sind uns heute vertraut unter Bezeichnungen wie Triebe und Vorstellungen, die tief in der Erinnerung des Unterbewußtseins vergraben ruhen. Frei davon werden wir nicht durch einen Versuch, Gott oder Götter zu versöhnen, sondern durch Einsicht in die Wirklichkeit unseres Innern; nämlich durch Entdeckung der schöpferischen Mitte in uns selbst, die es freizulegen gilt. Bist du ständig kampfbereit und streitsüchtig, so enthülle dir in deinem eignen tiefsten Innern das Bild des Mars und ersetze es durch ein edleres Leitbild. Bist du ein unheilbarer Romantiker, so tue deinem Venusbild Genüge durch Verfassen lebensvoller Liebesgeschichten. Dann kannst du dein eignes echtes Selbst freilegen und im Alltag eine gute Ehefrau bzw. ein guter Ehemann sein.

Unser Land und unsere Zeit kennzeichnet die Gewohnheit, der Langeweile, den Einschränkungen und einer unangenehmen Atmosphäre durch die Flucht in die Phantasie zu entgehen, um dort Erfüllung zu suchen. Kriminalromane, Roman-Zeitschriften und Filme bieten solche Zerstreuung in mannigfach verhüllten Formen. In rechtem Ausmaß ist keins davon zu verurteilen; denn es gibt ausgezeichnete Filme. Die Erzählungen in Zeitschriften, auch Darstellungen von Übermenschen enthalten oft wertvolle psychologische Untersuchungen. Aber, Abend für Abend auf solchem Fluchtwege der Wirklichkeit zu entschlüpfen, führt nicht zur Reife.

Nur dann, sagte einmal Joseph H. Newton, könne dies Land ferner eine Heimat für Freie bleiben, wenn es eine Heimat für Mutige sei. Wir müssen den Mut aufbringen, uns selbst objektiv zu sehen, uns so zu sehen, wie wir sind. Prophetisch ergeht eine Warnung*): „Davon hängt das Fortbestehen der Menschheit auf dieser Erde ab, daß sich genügend viele Menschen an genügend vielen Stellen der Welt finden, die nicht gegeneinander kämpfen müssen, die nicht von einer Art sind, daß sie gegeneinander kämpfen wollen; sondern von solcher Art, daß sie wirksame Maßnahmen treffen, andere am Kämpfen zu hindern, wann immer dies vonnöten ist." Die Art, in der unsere Weiterbildung und die unserer Kinder erfolgen wird, scheint rasch Gestalt zu gewinnen. Sie wird eine Verbindung sein aus Tiefen-Psychologie im Einklang mit den Lehren Jesu und der Gruppen-Psychotherapie.

Eine solche Verbindung erstreben wir bei unserer sommerlichen Heiltätigkeit in Merrybrook, Wells, Vermont. Und an eben dieser Verbindung arbeiten mehrere große

*) Von dem Psychiater C. B. Chisholm in der "Survey Graphic".

Kirchen in den Hauptstädten des ganzen Landes. Wird der Fortschritt der Menschheit nicht durch einen neuen Weltkrieg um einige Jahrhunderte zurückgeworfen, so werden wir in fünfzig Jahren einen Punkt erreicht haben, da für eine leitende Stelle in der Öffentlichkeit überhaupt keiner in Betracht gezogen wird, der gewohnheitsmäßig Haß gegen andere im Herzen trägt, oder der einen Groll hegt, oder der sein Temperament nicht zügeln kann. Wir werden es nicht mehr wagen, hohe Stellen durch Unreife zu besetzen. Dem geistig Gereiften allein kann das Vertrauen entgegengebracht werden, daß er uns leitet. Wir werden es vermeiden, eine Politik zu treiben oder Wege einzuschlagen auf Grund von Reaktionen, die aus Empfindungen und gefühlsmäßigen Erwägungen entspringen.

Wir werden hinauswachsen über unsere schwärmerische Verehrung für großsprecherische Banditen und pistolenfuchtelnde Helden.

Unsere Kinder werden wir davor hüten, in einer Phantasiewelt zu leben, die sich an die Stelle der Welt schiebt, der sie einmal gegenüberstehen werden. Doch brauchen wir ihnen nicht jene kostbaren Erregungen und Wonnen aus Mythen und Märchen vorzuenthalten. Sie haben nur den Unterschied zu lernen; und es ist an uns, sie zu lehren.

Wir sind es, die zu lernen haben.

15. Gruppen-Psychotherapie

Der neue Ausdruck Gruppen-Psychotherapie ist Bezeichnung für eine neue Methode. Fassen wir den Ablauf der Geschichte ins Auge, so vertieft sich die Bedeutung dieser Methode wie ihrer Bezeichnung. Das ausgehende 19. wie das beginnende 20. Jahrhundert sahen letzte weitreichende Ausläufer des Individualismus.

Ein Nietzsche verspottete die Sklavenmoral des „sanften Juden aus Nazareth", wie er Jesus nannte. Nietzsche zeigt das Ergebnis vom Ende eines jeden Einzelmenschen, der einen zu weiten Weg allein geht und es versäumt, sich als Teil im Leben anderer Menschen zu begreifen.

Mit gleichem Fanatismus hatten Fichte und Hegel diese Richtung verfolgt, wenn sie das deutsche Volk, die deutsche Sprache und deutsches Wesen als letztes Wort in der Entwicklung des Weltalls bezeichnet hatten. Menschen wurden klassifiziert als religiöse oder als bürgerliche Menschen oder als Geschäftsleute. Sie wurden somit bald in sich selbst zerspalten, bis sie vergaßen, daß der reife Mensch in sich selbst ein Ganzes bilden und daher auf jedem Gebiet einheitlich sein muß.

In der Nachfolge Hegels brachte ein anderer diese Theorie zum Abschluß. Karl Marx stellte das Idealbild vom Kollektivstaat für Übermenschen auf. So begannen die einander widerstrebenden Strömungen des Individualismus und des Kollektivismus Europa zu überfluten und deckten ein neues soziales Problem auf. Unsere Aufgabe ist es heute, eine Synthese zu finden, die diese mächtigen Strömungen eint und sie in die weite Bahn der Vorwärts-Entwicklung lenkt.

Wir stehen nun in unserem eigenen Innern wie in der Menschheit vor der Aufgabe, aus dem Besten im Individualismus und dem Besten im Kollektivismus ein Leitbild zu gewinnen, nach dem sich arbeiten läßt. Anstatt unsere Kräfte für zerstörende Kriege aufzubrauchen, würden wir sehr viel mehr Nutzen davon haben, all unsere Fähigkeiten der lebenswichtigen Forderung zuzuwenden: nämlich, das System des Kollektivismus zu untersuchen, um seine Schwächen und Stärken festzustellen; sei es, daß wir sie dementsprechend ablehnen oder zur Umbildung unseres eignen Systems bei uns verwerten können.

Eine solche Synthese versuchen wir eben in der Gruppen-Therapie auszuarbeiten. In sehr engem Rahmen, aber in ganz echtem Sinne suchen wir eine Synthese zwischen unserem Eigenleben und unserem Leben mit anderen. In der Gruppen-Psychotherapie suchen wir Menschen aus lang unterdrücktem Groll und niederdrückenden Empfindungen der Ablehnung freizumachen. Jedes verhohlene Gefühl davon, Ungerechtigkeit erlitten zu haben, betrogen zu sein infolge einer glücklosen Kindheit, alle Eifersucht, aller Neid, jedes Gefühl von Mangel, ob an materiellen Gütern, ob an Anerkennung oder an Zuneigung – all das soll ans Tageslicht gebracht werden.

Diesen Vorgang nennen wir Rückführung, Regression. Durchführen läßt er sich nur in einer Atmosphäre voll Verständnis, frei von Ablehnung, Tadel oder Kritik.

Aus dem Verständnis gemeinsamer Nöte heraus beginnen Mitglieder solcher Gruppen bald katalytisch, lösend, aufeinander zu wirken. Zuerst wird über Aufgaben von geringerer Bedeutung gesprochen. Je länger aber diese Berichte fortgeführt werden, um so tiefer wird die Anteilnahme. Weil jeder seine Aufmerksamkeit einem der anderen zuwendet, kann ein jeder in die Erforschung seines eignen Selbst viel tiefer eindringen, als es ihm gelingen könnte, wäre er selbst Gegenstand der Besprechung. Viel klarer erkennen wir unsere eigenen Fehler, wenn sie sich uns bei einem anderen zeigen. Wir sind sicher davor, direkt getroffen zu werden. Diese Ablenkung mindert unsere Furcht vor Kritik oder üblen Folgen.

Im gewissen Sinne verteidigt jedes Glied der Gruppe die anderen gegen den Leiter, der die Autorität von Eltern oder Lehrern versinnbildlicht. Ist die Furcht vor Kritik, Tadel oder üblen Folgen ausgeschaltet, so beginnen vergrabene

Erinnerungen emporzusteigen ins Bewußtsein. Dort können sie gestellt und betrachtet werden.

Umfassende Arbeit an schwierigen Kindern hat gezeigt, daß jüngere Kinder frei werden können, wenn man sie ermutigt, ihr frühes Fühlen auszusprechen; das, was in ihnen früh unterdrückt wurde, sich auswirken zu lassen. Das ist die Läuterung, die Katharsis. Sie tut all jenen besonders not, die sich durch feste Leitbilder für ihr Verhalten in der Gesellschaft bedrückt fühlen. Ein in seinem Empfindungsleben Gehemmter wird sich in der üblichen Gesellschaft antisozial verhalten. Er wird schroff oder streitsüchtig sein, oder unvermittelt die Gruppe oder die Gesellschaft verlassen. Bei festliegenden gesellschaftlichen Regeln sprechen wir von „Erstarrung einer Gruppe". In der Psychotherapie aber versuchen wir das herzustellen, was wir heute als „Beweglichkeit einer Gruppe" bezeichnen, wenn nämlich Freiheit des Ausdrucks in ihr herrscht.

In Gruppen, die als darstellerische bezeichnet werden, nimmt man 7–8 Kinder gleichen Geschlechts und etwa gleichen Alters zusammen. Meist sind es Kinder, denen Liebe und Fürsorge gefehlt hat oder die sogar mißhandelt worden sind. Darunter sind Opfer von zwei Extremen: von zuviel Liebe bei zu wenig Zucht; oder von zu harter Zucht bei zu wenig Liebe oder Zuneigung. Sie kommen an einem Treffpunkt zusammen, den sie selbst als Klub bezeichnen; und solch ein Klub wird ihnen zum wahren Hafen. Sie haben dort weder Unterricht noch hören sie Vorträge; es wird keine Anstrengung gemacht, sie zu ändern oder zu bessern; es wird ihnen einfach die Gelegenheit zur Befreiung ihrer eingezwängten Empfindungen gegeben.

Bekommen die Kinder Werkzeug und Material zum Basteln, so dürfen sie es verwenden und sich in schöpferisches Tun versenken – oder die Sachen umherwerfen und entzweimachen. Sie spielen oder arbeiten, singen oder ringen miteinander, ganz nach Belieben. Sie dürfen Stühle herumwerfen oder Fußböden und Wände bemalen. Ganz wie es ihnen gefällt, läßt der gerade aufsichtführende Therapeut sie ihre

Mahlzeit verzehren. Einige schlüpfen fort in eine Ecke und essen allein, andere stoßen und greifen zu wie Tiere; aber sie werden weder zurechtgewiesen noch gescholten. Das Geheimnis ist, jeder Bewegung eines jeden Kindes äußerlich keine Beachtung zu schenken, während alles genau beobachtet wird. Einige sind sehr rasch ansprechbar, andere brauchen sehr viel länger Zeit, um sich zurechtzufinden.

Der Therapeut behandelt sie alle mit unwandelbarer Liebe und Verständnis, bis ihre nervösen Ängste nach und nach überwunden sind und ihr Ich ins Gleichgewicht kommt. Sie fühlen sich selbst sicher vor Kritik oder Schelte und erkennen, daß ihnen nicht gesagt wird, was zu tun und zu lassen sei. Deshalb richten sie sich nach den Leitbildern üblichen Verhaltens. Ernten sie Lob und Anerkennung für etwas, das sie gut gemacht haben, so mühen sie sich, es noch besser zu machen. Sie fühlen sich lebensfähig und tüchtig. Das erweckt in ihnen Vertrauen und Sicherheit. Je mehr sie sich in schöpferisches Tun versenken, umso gedämpfter werden die Streitsüchtigen, aber die Schüchternen umso mutiger, Hilfe zu erbitten für etwas, das sie brauchen. Je mehr ein Kind wünscht schöpferisch tätig zu sein, um so mehr lernt es sich um Führung und Hilfe an den Therapeuten zu wenden. Empfindungen der Liebe, des Vertrauens treten an die Stelle früherer Furcht und Auflehnung.

Mit Gruppen größerer Kinder oder Erwachsener kann die Methode des psychologischen oder soziologischen Dramas angewandt werden. Maria H., die eine schwere Kindheit durchlebt hat, wird in solch einem Drama ihre eigene Rolle als Kind spielen. Ein anderes Mitglied der Gruppe spielt ihren tyrannischen Vater, wieder jemand anders die geängstigte, zarte Mutter. Im Spiel wird Maria mit ihnen ein wirkliches Erlebnis aus ihrer eigenen Vergangenheit wiederholen. Dadurch kann ihr dazu verholfen werden, eben diese Vergangenheit aus unterbewußtem Erinnern emporzuheben. Gleichzeitig kann sie frei werden von lang gehegten Gefühlen der Erbitterung, des Grolls und des Mitleids mit sich selbst, mit denen jenes Erlebnis belastet war.

Bei Gruppen von Erwachsenen muß der Zuhörer oder

Leiter ein Empfinden von Harmonie aufrechterhalten, ohne feindselige Regungen in irgendeiner Weise zu unterdrücken. Die Gruppenarbeit umfaßt sehr vielfältige Gegenstände. Grundsätzlich muß sie aber die Entladung von negativen Empfindungen begünstigen, wie abstoßend diese auch immer sein mögen. Läuterung, Katharsis, ist notwendig. Das Verlangen danach muß in der Gruppe geweckt werden. Deshalb ist auf seiten des Leiters irgendeine moralisierende oder frömmelnde Haltung zu vermeiden; sie würde nämlich sofort unterdrücken, was sich ja gerade ausdrücken soll. Ebenso werden die Mitglieder der Gruppe dringend ersucht, sich ohne Kommentar oder Kritik alles anzuhören. Sie leben sich in den Gedanken hinein, daß dies ein gemeinsamer Ausdruck ihres guten Willens und ihres Verständnisses sei. Es muß völlige Freiheit herrschen. Deshalb ist es wesentlich, daß alle, die sich der Gruppe anschließen, als Einzelpersonen kommen. Keiner weiß, ob Sam Jones oder Susi Smith Patienten sind oder Mediziner oder Psychiater. Titel und Rang werden fortgelassen. In echter Quäkerart sind wir eben schlechtweg Menschen, Kinder des gemeinsamen Vaters, die Seine Liebe, Seine heilende Huld suchen.

Niemand sollte sich durch äußere Anzeichen täuschen lassen. Extravertierte äußern sich leicht und sprechen sich frei aus. Ohne Anzeichen von Anstrengung oder Zögern können sie meist sagen, was sie denken, und sich über das äußern, was sie fühlen. Viele von ihnen gleichen jener Frau, die Tante Het so schildert: „Sehr rasch gerät sie außer sich, spricht aus, was sie denkt, und dann ist alles vorüber." Der Trick freilich wäre, wie Tante Het wohl weiß, „darüber wegzukommen, ehe man das gesagt hat, was man denkt, während man außer sich ist." Introvertierte tun das gerade Gegenteil. Sie sprechen mühsam, weil sie zögern, sich auszudrücken. Ihre Gefühle unterdrücken sie, so daß sie sich eingraben wie eingewachsene Fußnägel. Immer pressen sie auf den gleichen wunden Punkt, indem sie daran denken. Infolgedessen schmerzt er immer mehr, bis sie stumpf werden und die Hoffnung aufgeben. Der Introvertierte mag den Extravertierten wohl um dessen scheinbare Freiheit beneiden. Er hätte es aber nicht nötig. Denn unter der Oberfläche schleppt sich der Extravertierte mit noch tieferem Erinnern, das er nie ans Tageslicht bringt, ja das ihm selbst vielleicht nie zum Bewußtsein kommt*). Wenn der Extravertierte den Introvertierten um dessen scheinbare Ausgeglichenheit und Selbstbeherrschung beneidet, so mißversteht er beides. Ist doch sein Schweigen in Wirklichkeit nur Unfähigkeit, seine Gefühle in Gegenwart anderer zu zeigen.

Fast täglich erfahren wir Verbesserungen auf vielen Gebieten, auf denen mit Gruppen-Therapie gearbeitet wird. Der Leiter der nach ihm benannten Industrie-Gesellschaft, Dr. A. J. Marrow, der auch in Psychologie den Doktortitel besitzt, meint: um wirkliche Zusammenarbeit zwischen Arbeitgebern und Arbeitnehmern herbeizuführen, fehle das genügende Verständnis für psychologische Prinzipien und deren Anwendung. Er legt großen Wert auf jene Entdeckung der Psychologen, daß nämlich durch erwiesene Tatsachen die Einstellung eines Menschen nicht leicht zu ändern sei. Könne aber der Mensch zur Entdeckung solcher Tatsachen selbst beitragen, so werde er bereitwilliger seine eigene Einstellung ändern.

Dr. Marrow setzt sich für Gruppen-Zusammenkünfte ein, bei denen jedes Problem frei besprochen werden kann. Er mahnt den Gruppenleiter, darauf zu achten, daß alle Tatsachen ans Licht gebracht werden. Dann muß er die Fragen so lenken, daß sie nicht gerade auf nur eine Person, Frage oder Beschwerde zielen. Hört man oft sagen: „Der Fragekasten ist zwar ein Staubfänger, eine Idee aber birgt er selten", so meint Dr. Marrow das Gegenteil. Man brauche nur an einem Gruppengespräch mit Arbeitern teilzunehmen, um zu erfahren, wieviel brauchbare und wirklich hilfreiche Ideen vorgebracht werden.

Wir bringen seine weiteren Worte: „Wir sind überzeugt,

*) In seiner köstlichen Erzählung „Der Gastwirt" bringt Robert Herrick in Gestalt des Chirurgen einen solchen „Grund jenseits des Grundes", eine solche „Ursache in der Ursache" ans Licht.

ein Mensch braucht Anerkennung ebensosehr wie Nahrung. An seinem Arbeitsplatz muß dem Menschen die Möglichkeit gegeben werden, etwas von seinem eigenen Selbst zu investieren. Mehr als an einer Geldeinlage wird ihm an diesem Anteil seines eigenen Wesens gelegen sein. Ebenso wird jeder bei einer Verletzung oder Beleidigung des eigenen Selbst schärfer auf Vergeltung sinnen als bei einem Geldverlust. Bei Gruppenzusammenkünften, in gemeinsamer Anteilnahme an Problemen und Entscheidungen versuchen wir unseren Leuten das Gefühl zu geben, daß sie etwas vor sich bringen, das Gefühl der Machtbefugnis in Angelegenheiten, die ihre eigene Arbeit angehen. Wir wünschen, daß ihnen der Erfolg ihrer Arbeit zum Bewußtsein kommt." Hier zeigt sich ein Versuch, die Einzel-Initiative zu erhalten innerhalb dessen, was dem Kollektiv dient.

Gruppen der Gesellschaft „Ungenannter Alkoholgegner" helfen einander in einer Art, die der Gruppen-Therapie sehr ähnlich ist. Eine Organisation, die sich „Gesellschaft gegen Ehescheidungen" nennt, nimmt die Aufgabe in Angriff, die Zahl der Ehescheidungen zu vermindern. Ehemänner und Ehefrauen werden in verschiedenen Altersgruppen zusammengebracht, um ihre Schwierigkeiten zu besprechen. Zuerst wird eine Gruppe von Ehemännern gebildet und eine von Frauen, damit bei den Aussprachen ein jeder sein eigenes Problem als allgemeines Eheproblem erkennen kann. Wenn jemandem klar geworden ist, seine Lage sei nicht einzigartig, so wird er größere Anstrengungen machen um zurechtzukommen. Natürlich gibt es einige Fälle, in denen wegen schwerer psychopathischer Verwicklungen eine Scheidung ratsam erscheint. Im allgemeinen aber werden die Ehepaare dadurch wieder eine harmonische Beziehung zueinander finden, daß jeder ein besseres Verständnis gewinnt für seine eigenen inneren Konflikte wie für die des Gefährten. Tragen andere ihnen diese Probleme vor, so erkennen sie beim Hören ihre eigene Unreife und die Notwendigkeit zu eigenem Wachstum. Selbstbeherrschung, Bereitschaft zu Entgegenkommen und gegenseitiges Verstehen helfen viel dazu, den Grund für Ausgleich und Glück zu legen.

In der Gruppen-Therapie bei Sträflingen hat L. W. Mc Corkle das vielleicht hervorragendste Werk geleistet. Ihm wurde ein durch „Readers Digest" ausgesetzter Preis in Höhe von 2500 Dollar für besondere Verdienste zuerkannt, nämlich für die Rehabilitierung entlassener Strafgefangener aus Gefängnissen New Jerseys, besonders aus Rahway. Einige Berichte über Beobachtungen und Gespräche aus solchen Sitzungen sind veröffentlicht worden. Der Bandengeist hat Strafanstalten immer verseucht und die Einstellung ihrer Insassen nach einem immer stärker antisozialen Leitbild ausgerichtet. McCorkle faßte nun den Plan, eben diesen Bandengeist zu nutzen, um die Leute in der Anstalt zusammenzufassen. Zweimal wöchentlich sammelt er 11–12 der schlimmsten Verbrecher in einer Gruppe und läßt sie sich über ihren Kummer oder ihre Beschwerden aussprechen. Sie kommen ohne den Wärter. McCorkle läßt sie Gründe vorbringen für ihre Beschwerden gegen die Gesellschaft, für ihre Auflehnung und für das, was sie zu Verbrechern werden ließ. Haben die Leute gelernt, Vertrauen zu fassen zu denen, die mit ihnen arbeiten, so sprechen sie sich frei aus.

In McCorkles eigenen Worten lautet das Ergebnis: „Ursprünglich ist es Unfähigkeit zur Mitarbeit in einer Gruppe, was einen Menschen zum Verbrecher macht. Das wollen die meisten Verbrecher nicht glauben, bis Gruppenzusammenkünfte es ihnen bewiesen haben." Einmal war ein riesiger Neger in einer Gruppe von 8 Menschen. Er klagte, Maxwell, der Küchenwärter, stieße ihn immer von hinten. Dann stieße er ihn wieder, dafür aber käme er in Einzelhaft. Während er das vorbrachte, glühten seine Augen vor Wut. Ruhig fragte McCorkle: „Was meinst du wohl, warum Maxwell dich so behandelt?" „Weil er ein Weißer ist und ich ein Farbiger", brüllt Walter und fährt mit tödlicher Wildheit fort: „Kein Weißer hat mich herumzustoßen. Mein ganzes Leben lang war das so, aber ich leide es nicht."

McCorkle fragt: „Arbeiten noch andere von euch Farbigen in der Küche?" Mehrere nicken.

McCorkle zeigt auf einen von ihnen: „Stößt dich Maxwell herum?" „Nur ein einziges Mal", sagt der schwarze Räuber.

„Was tatest du da?“ fragt McCorkle.

„Ich drehte mich nur um, damit Maxwell mein Gesicht sehen konnte“, antwortete der Räuber grinsend. „Damit Maxwell sehen konnte, ich bin nicht Walter.“ Und er fährt fort: „Maxwell ist schon recht. Wenn einer seine Arbeit tut, plagt Maxwell ihn nicht.“

McCorkle nimmt den Ball an, der ihm zugespielt wird. „Wenn wir merken, jemand ist gegen uns, versuchen wir dann nicht zu denken, das hätte einen Grund, an dem wir unschuldig sind, wie etwa unsere Hautfarbe? Vielleicht sind die Leute aber deshalb gegen uns, weil wir ihnen etwas getan haben?“

Was bedeutet das für Walter und seine Theorie? Keiner kritisiert Walter. Keiner sagt: „Du hast unrecht“, oder: „Du mußt einen anderen Ton anschlagen.“ Aber da sitzt er und kann nun nie wieder ein gleiches Argument vorbringen. Er hat sich selbst mit den Augen seiner Mitbrüder betrachtet.

Ein anderer Gefangener sagt: „Im Gefängnis ist ein Kerl fast ganz auf sich selbst zurückgeworfen.“

„Wir sind alle fast ganz auf uns selbst zurückgeworfen, in unserem eignen Innern eingeschlossen“, meint McCorkle voll Teilnahme.

„Zu keinem Menschen hat man Vertrauen, seht ihr“, fährt der Gefangene fort. „Nur auf sich selbst kann man sich verlassen. Deshalb will man nicht zugeben, daß man im Unrecht ist. Wenn einer anfängt, sich vorzustellen, daß er selber schuld daran ist, daß er ins Gefängnis kam, dann kann er innerlich niemals mehr zur Ruhe kommen.“

„Und davor fürchtet sich Walter?“ fragt Mac.

„Sicher fürchtet er sich“, bestätigt der jüngere Gefangene. „Wie viele Kerle würden lieber ihre volle Zeit absitzen, ohne Aussicht auf Bewährungsfrist, als so über sich nachdenken müssen. Deshalb hassen viele diese Gruppenarbeit. Sie grauen sich davor.“

„Gibt es noch jemand unter euch, dem ähnlich zumute ist?“

McCorkle ist ein sehr erfahrener Leiter. Nun ist Walter nicht länger allein. Scheinbar arglos hat McCorkle diese Frage gestellt. Unbeantwortet blieb sie in der verräucherten

Stube hängen. Keiner der Gefangenen sah den anderen oder McCorkle an. Ihr Schweigen aber sprach lauter als Worte. Auf zweierlei zielt McCorkles Leitung: einmal darauf, zu zeigen, deine Not ist nicht nur die deine allein; zum anderen darauf: du kannst dich ändern, wenn du dich fest ansehen kannst und zugestehen, daß du dich ändern mußt.

In Merrybrook nähern wir uns der Gruppen-Psychotherapie im Hinblick auf das Heilen. Sehr eng schließen wir uns an den oben geschilderten Vorgang an bei Anwendung dessen, was unserem Amt des Heilens am besten entspricht. Wir suchen aus allen Methoden Gewinn zu ziehen, mit einer Gruppe oder dem Einzelnen, soweit solche Methoden auf den verschiedenen Gebieten entwickelt sind. Der erste Schritt ist, eine Atmosphäre zu schaffen, in der jeder Einzelne sich möglichst frei von Verlegenheit fühlen kann. Um solche Atmosphäre vorzubereiten, bitten wir alle Teilnehmer der Sitzung, schlechtweg als Menschen zu kommen, ohne Titel. Ein Doktor der Medizin und der Psychologie ist ganz einfach Hans John, der bekannte Geistliche ist für die anderen in der Gruppe einfach Thomas Schmidt.

Einer, dessen Name kein akademischer Titel ziert, mag in der Gruppe von hervorragendem Einfluß sein, weil andächtige Sammlung und Gebet seinem Leben Reichtum gaben. Sie haben ihm seltene Einsicht in Menschennot und -leid vermittelt. Unterstellt sich ihm die Gruppe, so tut sie es dieser Eigenschaften wegen, nicht weil er Titel innehat. Als Kinder finden wir uns zusammen, streifen, soweit wie möglich, unsere Ichbezogenheit von uns ab in gemeinsamem Lieben und Teilnahme füreinander. Wir ermutigen zum Bericht über vergangene Kränkungen und Beschwerden, wir werden sogar zur Dramatisierung Beistand leisten, um eine Lage frisch und glaubhaft aufleben zu lassen. Dadurch wird sie ins Licht der Reife und der Vergebung gehoben aus den Tiefen des Unterbewußtseins dessen, der sie im Innern bewahrte.

Bringen wir den Introvertierten dazu, sich zu äußern, und besänftigen den Extravertierten, so gewinnen wir dadurch für unser Verhalten harmonischere Leitbilder. Solch harmonischeres Verhalten wird merkbar sein, wenn wir daheim ins Leben mit unseren Mitmenschen zurückkehren. Wir sind dazu fähig geworden, einer am andern viele Anlässe zu Spannungen zu erkennen. Gemeinsam lernen wir, uns davon zu befreien. Viel klarer sehen wir unsere eigenen Vorurteile im Lichte der Vorurteile anderer; und es wird uns leichter, sie abzustreifen. Während jemand eine Schuld bekennt, rückt plötzlich unsere eigene Schuld in den Brennpunkt. Wir nutzen jene Entdeckung der Psychologen, – daß nämlich der Mensch an der Enthüllung von Tatsachen mitarbeiten müsse, bevor er seine Einstellung grundlegend ändern könne.

Allabendlich blicken wir auf den Tag und seine Lehren zurück in der Stille, die nach dem Abendessen einsetzt und bis zum Frühmahl des nächsten Morgens währt. Sind da in der Tiefe Erinnerungen, die sich vor anderen nicht leicht vorbringen lassen, so können wir sie in stiller Beichte vor Gott bringen.

Damit soll nicht von kirchlicher Beichte oder vom Gebrauch anderer kirchlicher Sakramente abgeraten werden. Mache nur immerhin davon Gebrauch. Scheinen sie aber deine Not nicht zu beheben, so vertraue der stillen Beichte, die Jesus uns lehrte. Gehe in dein Kämmerlein und schließe die Tür. Dort ist Gemeinschaft mit dem Herrn und mit dem himmlischen Vater. Sprich vor Ihm aus, was bisher in dir zurückgedrängt wurde.

Ihr seid zu zweit in diesem Gestühl. Dein gereiftes Selbst hört, das bist du; und dein unreifes Ich bekennt, das bist auch du. Es bekennt all die beschämenden Geheimnisse, die dich hemmen und deine Schaffenskräfte untergraben. Vor diesen inneren Richterstuhl bringe alle jene, von denen du dich einst gekränkt glaubtest, und alle, die dein Streben und Hoffen durchkreuzten. Brauchst du es, so gehe hinaus in die Wälder, wo dich niemand hört, und sprich mit Gott. Sprich es aus, was immer in deinem Herzen ist. Sprich so lange, bis aller Zorn, alle Erbitterung, aller Groll über dich hinströmen.

Das grauenhafte Empfinden von Rache oder Vergeltung mag aus dem Unterbewußtsein emporsteigen und dich durch seine Heftigkeit entsetzen. Ein gerechter Zorn mag flammend emporlodern gegen einen aus Gegenwart oder Vergangenheit, der auf dein Leben hemmenden Einfluß übt, deine Schaffenskraft, deinen Fortschritt hindert. Laß alles heraus; aber bedenke, Gott ist stets gegenwärtig. Er lauscht. Nach und nach wirst du ausgeschöpft sein. Deine unterdrückten Empfindungen werden dich erschöpft haben. Du wirst dich selbst erkennen als Menschenwesen, gleicher Schwächen fähig, im gleichen Wirbel widerstreitender Strömungen verfangen wie jene, die dir so bitterlich verhaßt waren. Du wirst dich selbst an ihre Stelle versetzen und zum ersten Male verstehen, wie wenig zu verzeihen übrigbleibt. Denn plötzlich wirst du erkennen – mit einer Gewißheit, als spräche Gott zu dir –: das, was dir in einem anderen verhaßt war, das sind Möglichkeiten, wie sie in dir selbst vorhanden sind. Strömt deine eigene, vergebende Liebe hin zu dem, der nun nicht länger ein Hindernis bildet zwischen dir und deinem Reifwerden, so wirst du des innewerden, wie Gottes vergebende, erlösende Liebe deine eigene Seele durchströmt.

Umfassend muß die Beichte sein. Im wahrsten Sinne wird sie zu einer Meerfahrt, Entdeckungsfahrt in die Tiefe unseres Selbst, dessen Vielfältigkeit wir vielleicht nie ganz kannten. Bringen wir einen dunklen Schatten nach dem anderen aus uns ans Licht, so enthüllt sich in uns eine schöpferische Fähigkeit nach der anderen. Das ist der Lohn.

In dem Maße, in dem wir den Grund freilegen, bauen wir auf. In dem Maße, wie wir reinigen, rufen wir das schöpferische Leben herbei, damit es eintrete und uns erfülle. Das Leben, das zu leben wir versäumten, das wir aber ersehnten, wird nach Ausdruck drängen, wenn es aus seinem Kerker befreit wird.

Die Befreiung aufgespeicherter Kräfte wird uns mit gewaltiger Lebensfülle durchdringen. Unser nächster Schritt muß sein, diese wiedergewonnenen Kräfte gestaltend fortzuentwickeln.

So gelangen wir zu dem erhöhten Bewußtsein, in dem wir erkennen: Wenn Jesus spricht, „Eine Stätte will Ich euch bereiten, auf daß, wo Ich bin, ihr auch sein werdet", so spricht Er nicht von einem sehr fernen Himmel, sondern von einem Himmel, der auf Erden zum Leben erweckt wurde. Das Christus-Bewußtsein ist die Stätte der Harmonie, die Er allen erschloß, die Ihm folgen.

Je fester wir eins werden mit dem höheren Selbst in uns, um so mehr strecken wir uns nach dem Unendlichen. Berühren wir es, so rühren wir an die echte Wesenheit erfüllten Lebens.

Weitere Bücher aus dem Turm-Verlag

Eva Bell-Werber
STILLE GESPRÄCHE MIT DEM HERRN

100 Seiten, Leinen

Anne Dittmar
WANDERER IN DEN 5 REICHEN

Märchen und Geschichten für große Leute
168 Seiten, gebunden

Friedrich Heiler
SADHU SUNDAR SINGH

Ein Apostel des Ostens und Westens
Der evangelische Theologe Friedrich Heiler schildert in unvergleichlicher Weise Leben und Lehre des bekannten Christus-Inders.
292 Seiten, gebunden

Franz Deml
CHRISTLICHE EINWEIHUNG

Eine Studie auf der Grundlage von Prophetie und paulinisch-alexandrinischer Gnosis
212 Seiten, Leinen

Franchezzo
EIN WANDERER IM LANDE DER GEISTER

Die Entwicklung einer Seele im Jenseits
328 Seiten, gebunden

Joé Snell
DER DIENST DER ENGEL

Erfahrungen einer hellsichtigen Krankenschwester an Kranken- und Sterbebetten
88 Seiten, kartoniert